교실갈등관리

문용갑 · 이남옥 · 문다운 공저

학지사

머리말

사람들이 모여 사는 곳에서 서로 다른 욕구, 소망, 기대가 충돌하는 것은 법칙과 같다. 학생들이 모여 선생님으로부터 가르침을 받는 학교는 단지 공부만 하는 곳이 아니라 다른 사람들과 만나 서로 관계를 맺는 곳이기도 하다. 하지만 과거와는 달리 오늘날 교실에서는 학생의 능력과 기량뿐 아니라 학생 가족의 가치 및 양육 개념이 점점 더 이질적으로 변해 가고 있다. 과거에는 학생 가족의 양육과 가치가 대개 유사했다. 간단히 말해, 아버지는 월요일부터 토요일까지 회사에 가고 어머니는 집안 살림을 도맡아 하며 자녀들은 학교에 간다. 일요일에는 가족이 모두 모여 텔레비전을 보면서 휴식을 취한다. 교사는 아무도 거역할 수 없는 권위자였고 아이들은 어른들이 이야기하면 입을 다물어야 했다. 하지만 학교 민주화 및 자율화, 수요자 중심의 교육 시행 등으로 많은 것이 바뀌었고, 그 변화의 속도는 더욱 빨라지고 있다. 오늘날 학생 가족은 양육 방법뿐만 아니라 관련 가치도 매우 다양하다. 이런 다양성은 학생뿐 아니라 교직과 관련하여 자신의 가치체계를 다져 가는 교사에게서도 엿볼 수 있다.

따라서 학생과 교사를 위시한 학교구성원들이 교실과 학교에서 갈등을 경험하는 것은 놀랍지 않다. 물론 갈등 잠재 요인이 너무 많다고 한탄할 수 있지만, 오히려 갈등은 학생, 교사, 교실 및 학교 모두가 발전할 수 있는 기회일 수 있다. 갈등은 분명 학교체계가 직면해야 하는 필요한 변화를 위한 원동력이다.

다양한 가족체계와 학생들의 가치와 교육 요건 외에도 교사는 큰 도전에 직면해 있다. 교사는 학생의 역량을 강화하여 갈등과 의견 차이가 해소되어 안전한 교실공동체가 형성됨으로써 학교와 사회의 가치가 전수되는 동시에, 개인으로서 학생과 교사의 불가침성이 보장되도록 해야 한다. 교사가 자신의 건강을 지키며 이러한 균형 잡힌 행동을 하기 위해서는 다음과 같이 해야 한다.

- 교사로서 자신의 역할에 대한 명확한 인식을 가져야 한다.
- 자신에 대한 이해, 즉 자신의 태도, 가치관, 욕구 및 한계를 스스로 느끼고 알아야 한다.
- 자신에게 스스로 묻고 변화의 과정을 이끌어 갈 의지와 역량이 있어야 한다.

교실에서 갈등이나 문제는 학습이 필요한 곳을 알려 준다. 하지만 갈등은 대개 다양하게 발생한다. 학생들은 사안과 의견에 대해 다투거나 서로 욕하거나 신체적 피해를 입히고, 교사와 합법적이거나 부당한 논쟁을 벌이며, 갈등으로 수업을 방해하여 논란을 불러일으키고, 교사들을 끝없는 토론에 참여하도록 한다. 그리고 갈등은 고조되어 수업을 더 이상 할 수 없는 지경에까지 이른다.

교사는 자신 있게 갈등을 관리할 수 있는 교육이나 훈련을 거의 받지 않았다. 따라서 이 책은 교실갈등관리의 길잡이로서 교사들에게 기본 계획, 구체적인 연습, 검사 항목과 서식, 일정 등으로 구성된 갈등관리 방법을 제공한다. 이 책에서 다룰 갈등관리 방법은 다음과 같다.

- 다양한 유형의 갈등을 인식하는 방법
- 갈등을 의미 있게 분류하는 방법
- 갈등 유형에 따라 갈등을 해결하는 방법

이 책에서는 교사가 교실에서 접하고 처리해야 하는 전형적인 어려운 상황들을 설명한다. 이러한 상황들은 문제가 되지 않는데, 교사에게는 이미 이런 상황을 다룰 수 있는 좋은 방법들이 있기 때문이다. 그러나 때때로 문제가 발생한다. 교사가 왠지 불만스럽다면, 이는 자세히 살펴보고 무언가를 바꾸어야 한다는 신호이다.

'교실에 문제가 있다'는 느낌을 바탕으로, 제1장에서는 갈등의 개념과 특징, 유형, 갈등고조 및 이론적 갈등관리 모델에 대해 살펴본다. 제2~6장에서는 여러 유형의 갈등 상황을 제시한다. 제2장에서는 상대적으로 '간단한' 학생 간 갈등을, 제3장에서는 수업을 방해하는 외견상 또는 실제로 존재하는 학생 간 갈등을, 제4장에서는 '갈등'으로 위장한 경멸하고 상처를 주는 학생 행동을, 제5장에서는 부적절한 행동으로 이어지는 복수의 학생과 교사 간 갈등을, 제6장에서는 수업이 불가능한 '힘든 교실'에서의 문제와 함께 그 해결 방법으로 3원칙을 소개한다.

각 장은 다음과 같이 구성되었다. 먼저, 교사가 교실에서 '문제'로 발견한 내용을 설명한다(갈등 유형 인식). 이어서 몇 가지 일반적인 상황(갈등 사례)과 각 유형의 갈등을 특징짓는 징후(갈등신호)를 기술한다. 교실에서 경험한 실제 상황이 기술한 갈등신호와 일치하는지, 그리고 조치가 필요한지 여부를 확인하는 것이 항상 쉽지는 않다. 그렇기 때문에 상황이 더 악화되지 않도록 긴급한 조치가 필요함을 나타내는 요소를 '경보신호'라는 제목하에 추가했다. 문제가 복잡해지고 상황이 오래 지속될수록 갈등을 해결하고 완만한 협력을 하기 어렵다. 갈등을 다루는 방법은 개인 성격과 갈등 경험에 따라 크게 좌우되지만, 갈등 상대방에 대한 자신의 역할과 태도의 정의에 따라서도 달라진다. 저자들은 풍부한 현장 경험을 통해 상황을 완화시키는 데 도움이 되는 역할 정의와 태도가 있음을 확인했다(완화 방법). 따라서 각 장에서는 목표 지향적 완화 태도가 무엇인지, 어떤 역할이 적절한지(교사의 역할과 태도)를 설명한다. '함정'이라는 제목하에 완화 조치를 더 어렵게 만들고, 모든 교사가 건설적으로 갈등을 처리하기를 원할 경우 주의를 기울여야 하는 요소를 소개한다. 여기서는 교사가 어떤 의사결정 방법이 있는지, 유용한 전략은 무엇인지에 대한 단서를 제시한다.

그리고 갈등 유형과 역할 및 태도에 대해 기술하고, 이어서 각 갈등 유형에 유용한 전략을 소개한다. 모든 전략과 방법은 그것을 사용하는 사람에게 적절해야 한다. 따라서 이 책에서 제시한 전략이나 방법을 사용하려면 이것을 숙고하고 내면화하여 나중에 실망할 가능성을 줄여야 한다. 또한 모든 방법이 모든 교실에 적합한 것은 아니므로, 교사가 상황에 맞는 전략을 결정하기 위해서는 교사의 행동 범위를 확장하는 것이 중요하다. 그 이유는 교실이 단순한 방법이 없는 복잡한 체계이기 때문이다. 특히 '힘든 교실'을 다룰 때 종종 다양한 갈등이 있기 때문에, 모든 교사는 상황에 적절히 적용할 수 있는 전략을 많이 가지고 있어야 한다.

모든 전략과 조치의 목표는 발생한 갈등을 완화하는 것이다. 즉, 유리한 입장에서 전문적이고 신중하게 행동하여 갈등이 건설적으로 처리되도록 해야 한다. 갈등완화는 학생에게 체면을 잃지 않고 갈등에서 벗어날 수 있는 기회를 주는 것을 의미하기도 한다.

학생은 교사가 자신을 엄하게 꾸짖거나 비난하지 않을 것이라고 확신할 수 있을 때에만 건설적인 해결책을 위해 협력하려는 의지가 생긴다. 여기서 '전문적'은 '성인'으로서 행동하는 것을 의미한다. 즉, 감정이 상하거나 반항적이거나 헐뜯지 않는 것이다. 이는 갈등으로부터 거리를 유지하고 자신의 '빨간색 버튼'을 인식하며, 무엇이 나를 화나게 하는지 알기 때문에 감정적인 폭발을 통제할 수 있음을 의미한다. 그리고 사람과 행동을 분리하는 것을 의미한다. 즉, 항상 학생(또는 학부모, 동료)을 존중과 감사의 태도로 대하고 동시에 부적절하거나 규칙에 어긋나는 행동을 알리는 것이다.

저자들은 교사의 코치로 활동하면서 이 책에 소개한 모든 전략

의 유용성을 시험했고, 일반 및 '힘든' 교실을 대상으로 하여 전
문적으로 활동하고 있다. 방법들은 대개 배우기 쉽지만, 더 많은
연습과 태도의 변화가 필요한 교사도 적지 않다. 서로 힘을 합쳐
함께 공부한다면 교실갈등관리가 더 쉬울 것이다.

2023년

문용갑 · 이남옥 · 문다운

차례

제1장

갈등 이해

일반적으로 실무 지침서는 실천적 전략을 목표로 하기 때문에 대개 이론적 토대를 생략하지만, 이 장에서는 이 책에서 제시하는 교실갈등관리 전략에 토대가 되는 몇 가지 이론적 근거를 제시하고자 한다.

1. 갈등 개념

갈등은 항상 차이, 즉 다름에서 비롯되지만 다름이 곧 갈등은 아니다. 모든 사람은 사물을 다르게 인식한다. 자신의 생각과 기대를 가지고 성격과 태도에 맞는 방식으로 타인과 상황을 대한다. 따라서 서로의 다름은 지극히 당연하며, 이는 학교생활에서 근본적으로 중요하다. 그러므로 서로 깊고 진정한 만남을 경험하고 싶다면 이런 갈등을 용인하고 삶의 기본 사실로 받아들일 필요가 있다.

일상언어에서 '갈등' '싸움' '다툼'은 거의 동일한 의미로 쓰지만, 싸움이나 다툼은 일상어이고, 갈등은 전문어에 속한다. 예를 들어,

학생은 "나는 친구와 다툼이 있다."라고 하지 "나는 친구와 갈등이 있다."라고 하지 않는다.

갈등을 한마디로 정의하면 '긴장 상태'라고 할 수 있다. 어원적으로 보면, 한자어 갈등(葛藤)은 칡(葛)과 등나무(藤)가 서로 얽히듯이 까다롭게 뒤엉켜 있는 상태를 의미한다. 영어 conflict도 '함께'를 의미하는 'con'과 '때리다'를 의미하는 'flict'의 합성어로서 서로 때리거나 충돌하는 긴장 상태를 의미한다. 여기서 '긴장'의 핵은 불쾌한 감정이다. 따라서 상황이 합리적으로 해결되거나 불쾌한 감정이 개입되지 않으면 갈등이 아니다. 예를 들어, 학생들이 시험 문제를 풀기 위해 이성적이고 비감정적으로 토론하는 것은 갈등이 아니다. 이런 상황은 '의견 차이' 또는 해결이나 결정되어야 하는 '문제'가 있는 것이다. '오해' 또한 갈등이 아니다. 그렇다면 무엇이 서로 뒤엉키거나 충돌하여 긴장 상태가 되는가?

개인 내적으로 감정, 생각, 희망, 목표, 의도, 결정, 평가, 판단 등이 서로 대립하거나 불일치하여 어느 한쪽을 포기해야 하는 상태가 되면 불쾌한 감정이 들면서 긴장한다. 이런 내적 긴장을 내적 갈등(intrapersonal conflict)이라고 한다. 긴장은 개인, 집단, 조직 간 관계에서도 발생한다. 서로의 사고, 감정, 의지, 행동이 다르고 그로 인해 피해, 즉 해결해야 할 문제와 함께 불쾌한 감정이 들면 관계는 긴장된다. 이러한 긴장관계를 대인갈등(interpersonal conflict) 또는 사회적 갈등(social conflict)이라고 한다. 여기서 다루는 교실갈등은 사회적 갈등으로 한정하고 내적 갈등은 제외한다. 물론 내적 갈등은 교실갈등과 무관하지 않다. 따라서 교실갈등과 연관되는 범위 안에서 내적 갈등도 고려의 대상이 된다.

사회적 갈등으로서 교실갈등을 정의하면 다음과 같다(문용갑, 2011; Berkel, 2002; Glasl, 2020; Kreyenberg, 2005).

> "교실갈등은 학생, 교사 등이 행위자 사이의 상호작용으로서, 한 행위자라도 생각 또는 소망을 실현하는 데 상대방과 사고, 지각, 감정, 의지가 다른 것으로 인해 상대방이 자신을 방해한다고 경험하는 상황이다."

이를 좀 더 풀어 정의하면 다음과 같다.

- 둘 이상의 학생, 교사, 집단이 상호작용한다.
- 이들은 공동의 주제, 목표, 관심사 또는 맥락과 관련하여 의존 관계에 있다.
- 이들이 추구하는 욕구, 이해관계 등 관심사 또는 목표가 서로 다르다.
- 그 다름으로 인해 이들 중 한쪽 또는 모두가 피해나 위협을 받는 감정이 든다. 그 감정은 가벼운 긴장감으로부터 불만, 두려움, 적대감 등 격한 감정까지 포함하며, 심한 경우에 신체적 증상과 질병을 초래한다.
- 피해를 입거나 위협을 받은 개인 또는 집단은 그 책임을 상대방에게 전가하고 상대방이 다르게 행동할 수도 있었다고 생각한다.
- 이들은 자신의 입장을 바꿔 피해 또는 위협을 중단하려 하지

않는다.

요약하면, 교실갈등은 서로 의존적인 학생, 교사 등이 서로 다른 목표를 추구하거나 서로 다른 계획을 실현하려는 과정에서 의견 차이로 인한 문제 발생과 함께 부정적 감정이 드는 긴장 상황이다.

2. 갈등 특징

갈등은 다음과 같은 특징을 갖는다.

- 갈등은 장해가 있다는 신호이다. 갈등은 행동을 방해하고 방향을 바꾸도록 한다.
- 갈등은 감정을 동반한다. 우리는 갈등으로 인해 긴장감, 압박감, 분노, 흥분, 두려움, 불안을 느낀다.
- 갈등은 역동적이고 고조되는 경향이 있다. 갈등은 확산되고 그 강도도 세진다.
- 갈등은 우리에게 해결을 요구한다. 우리는 갈등으로 인한 긴장을 간과할 수 없다. 긴장은 기필코 '해소되어야' 한다. 그래야 일상을 회복할 수 있다.

이와 같은 갈등의 특징은 갈등관리에 다음과 같은 영향을 미친다.

- 갈등에 빠진 사람은 감정적으로 흥분하고 긴장한다. 상대방과 의도적으로 갈등하려면 갈등을 계획대로 주도해 나가는 방법뿐 아니라 감정을 조절하여 갈등을 통제하는 방법도 익혀야 한다.

- 교실의 변화를 촉발하기 위해 의도적으로 갈등을 자극한다면 감정적 소모가 클 것임을 염두에 두어야 한다. 그 성공 여부는 전략뿐 아니라 갈등당사자의 감정적 갈등대처 능력에 달려 있다. 갈등관리를 경시하는 교사는 갈등으로 인한 저항에 직면한다. 교사의 갈등관리는 지속적인 갈등관리를 강조하는 학교의 구조적 전략 또는 갈등문화에서도 중요시되고 있다.

3. 갈등 유형

앞서 정의한 교실갈등 개념은 교실 맥락에서의 근본적인 역동성을 암시하며 일곱 가지 유형의 갈등을 내포한다. 교실은 교사와 공부하는 학생집단이 함께하는 곳으로서, ① 교육 목표를 달성하기 위한, ② 방법과, ③ 자원이 있어야 하며, ④ 문화적 환경이 다르고, ⑤ 자신과 관련된 문제에 대한 생각이 불분명한 교사와 학생들이, ⑥ 서로 관계를 맺으며, ⑦ 자신의 역할을 수행한다. 하지만 여러 요소의 불일치 또는 차이로 인해 목표갈등, 평가갈등, 분배갈등, 문화갈등, 관계갈등, 개인 내적 갈등, 역할갈등 등이 발생한다.

〈표 1-1〉 갈등 유형

교실에서의 행위	그로 인한 갈등
1. 문화적 환경이 다르고	문화갈등
2. 자신과 관련된 문제에 대한 생각이 불분명한 구성원들이	내적 갈등
3. 목표를 정하고	목표갈등
4. 그 목표를 위한 자원으로	분배갈등
5. 특정 방법으로	평가갈등
6. 서로 관계를 맺으며	관계갈등
7. 자신의 역할을 수행한다.	역할갈등

예를 들어, 문화적 환경이 다르고 자신의 문제에 대해 알지 못하는 A 학생과 B 학생이 서로 다른 목표를 추구하고, 이를 위해 다른 방법으로 다른 자원을 활용하여 하며, 다르게 관계를 맺고, 다른 역할을 수행한다. 두 학생은 각자 독립적으로 행동하지만 때로는 서로에게 영향을 미친다. 이 두 당사자는 만나서 의견 일치를 이룰 수 있으나, 불일치 또는 차이로 인해 긴장하여 갈등이 발생할 수 있다.

[그림 1-1] 다양한 긴장 상황에서 발생하는 갈등

(1) 목표갈등

목표갈등은 추구하는 목표가 서로 달라서 발생한다. 이 갈등에서는 다양한 목표가 서로 충돌한다. 예를 들어, 교사의 교육권과 학생의 학습권 사이에서 발생할 수 있다. 또한 모든 목표가 모두에게 중요한 것은 아니며, 이해관계도 저마다 다르다.

(2) 평가갈등

평가 또는 지각 갈등은 갈등당사자들이 동일한 목표를 추구하지만, 행동 방식의 효과와 영향을 다르게 평가하기 때문에 다른 방식이나 방법으로 목표를 달성하려고 할 때 발생한다. 일반적으로 갈등은 당사자들이 다르게 지각하기 때문에 발생한다.

(3) 분배갈등

분배갈등은 갈등당사자들이 개인적 · 경제적 · 기술적 자원의 분배에 대해 동의할 수 없을 때 발생한다. 분배갈등은 옛날부터 투쟁, 분쟁 및 전쟁에서 중요한 역할을 한다. 예를 들어, 교실에서는 학생 성적 등의 분배로 인한 갈등이 발생한다.

(4) 내적 갈등

내적 갈등은 동시에 해결될 수 없는 둘 또는 그 이상의 동기가 존재하는 심리 상태를 의미한다. 사람은 자신의 욕구가 물리적 · 심리적 · 정신적 · 사회적 장애로 인해 충족되지 않으면 좌절하고 갈등한다. 예를 들어, 한 교사가 업무 과다로 휴식을 취하지 못하면 좌절하고 갈등한다. 또한 둘 이상의 지위를 가진 개인은 둘 이상의 역할을 수행하는 상황에서 역할 긴장이라는 갈등을 겪는다. 예를 들어, 자신이 다닌 학교의 선배가 담당 학급의 학부모일 때 해당 부모를 학부모로 대할지와 학교 선배로 대할지 갈등한다.

내적 갈등은 개인이 중요한 두 목표를 동시에 이루지 못할 때 겪는 접근-접근 갈등, 나쁜 상황을 놓고 선택해야 할 때 겪는 회피-회피 갈등 그리고 긍정적 결과와 부정적 결과가 함께 뒤따르는 선택을 할 때 겪는 접근-회피 갈등으로 구분된다. 모든 사회적 갈등은 내적 갈등을 기반으로 하지만, 이에 국한되지 않은 다양한 원인이 있다.

내적 갈등은 개인의 내적 상태 및 성격 문제를 의미하며, 심한 경우 심리치료의 대상일 수 있다. 따라서 교실에서 관리 대상은 사회적 갈등이다. 물론 교사가 이해해야 할 개인적 갈등이 전혀 없는 것은 아니다. 관리 차원에서 해소 가능한 개인 내적 갈등도 있을 수 있다. 따라서 교사는 개인적 갈등을 무시할 수만은 없다. 왜냐하면 개인의 내적 갈등은 사회적 갈등과 무관하지 않기 때문이다.

(5) 관계갈등

관계갈등은 당사자 사이의 관계가 악화되어 서로 부정적인 눈으로 바라볼 때 발생한다. 관계가 좋은 두 학생이 갈등으로 인해 적대적 관계가 되면 또 다른 갈등이 발생한다. 또한 관계갈등은 자아 개념과 타자 개념의 불일치를 의미한다. 예를 들어, 한 학생이 자신은 능력 있고 장점이 많은 사람이지만 상대 학생은 능력도 미래

계획도 없는 사람이라고 비난한다. 관계갈등의 원인은 당사자 사이에 수용과 존중의 욕구 좌절과 불만스러운 대화이다.

(6) 역할갈등

역할은 사회에서 한 개인에게 기대되는 행동이다. 역할갈등은 한 개인이 가지고 있는 여러 지위에 대해 기대되는 역할들이 서로 상충할 때 발생한다. 예를 들어, 교사가 제한된 시간에 학생에 대한 학습지도와 행정업무 처리를 놓고 갈등한다.

(7) 문화갈등

문화는 "마음의 소프트웨어(Hofstede & Hofstede, 2005)"로서 무의식적으로 사고, 감정 그리고 행동에 영향을 미치는 '정신 프로그램'이다. 다문화가정의 학생이 증가하면서 학생, 학부모, 교사 간 문화 차이로 인한 오해로 문화갈등이 발생하고 있다. 아울러 갈등을 다루는 방법, 특히 감정을 표현하고 공격성을 통제하는 방법 역시 문화적으로 영향을 받아 갈등해결을 어렵게 할 수 있다.

요약하면, 다양한 유형의 갈등은 원인에 따라 크게 세 가지로 분류할 수 있다.

• 내용 또는 실질적 갈등(목표 및 자원 갈등): 목표, 방법, 자원 내용, 사실로 인한 갈등은 일반적으로 서로 합의하면 쉽게 해결될 수 있음

- 관계갈등(평가, 관계, 역할 및 문화 갈등)
- 개인 내적 갈등

갈등의 핵심 원인을 찾기는 쉽지 않다. 갈등을 어떻게 정의하느냐에 따라 그 해결이 어려워질 수 있다. 따라서 일부 갈등은 잘못 파악된 갈등 원인으로 기인하기도 한다. 예를 들어, 실질적 갈등을 위해 범인을 찾으면 관계갈등이 발생하거나 개인적 결정이 불명확하면 목표갈등이 된다. 또한 교실은 살아 있는 복잡한 체계로서 인과적·결정적으로 설명될 수 없으며 원인 귀인으로 인해 오히려 갈등이 더 고조될 수 있다.

4. 악순환

갈등은 생산적으로 관리하지 않으면 고조된다. 갈등고조의 가장 큰 원인은 서로 상대방을 탓하는 것과 함께 자기방어적인 언쟁을 하면서 공격과 역공을 주고받는, 이른바 보복의 '악순환'이다.

악순환은 갈등당사자 간 상호작용에서 표출되는 과거 경험과 자극-반응 행동으로 형성된다. 그 과정은 다음과 같다.

A는 적대적이든 좋은 의도이든 말이나 행동을 한다. B는 A의 행동이 자신의 이해관계를 위협한다고 인지하며 분노한다. 분노는 자신을 방어하기 위해 에너지를 동원하는 것이다. 분노의 에너지는 문제해결을 위해 생산적으로 사용되지 않으면 회피나 강압이라

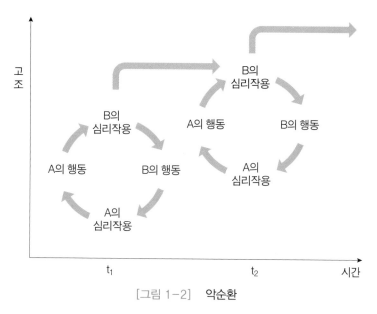

[그림 1-2] **악순환**

출처: Berkel (2019).

는 자기방어적인 행동으로 이어진다. 이런 행동은 위험한 상황에서 나타나는 무의식적인 생존전략이다. 하지만 A가 B의 행동을 의도적이라 인지하고 분노해서 역공을 가하면 A, B 모두 스스로 빠져나올 수 없는 보복의 악순환이 형성되어 패배를 인정하는 것 외에는 멈출 수 없는 상황이 된다.

공격과 역공, 힘겨루기를 통하여 서로 강요하게 되면 감정은 고조되어 보복으로 이어지거나, 심지어 폭력으로 진전되는 악순환을 낳는다. 또한 대화를 중단하고 서로 회피함으로써 소원해지면 관계가 단절되기도 한다. 보복의 악순환은 갈등에서 가장 전형적이고 보편적인 상호작용의 한 형태이다.

5. 갈등고조 단계

갈등은 [그림 1-3]과 같이 9단계로 고조된다(Glasl, 2020).

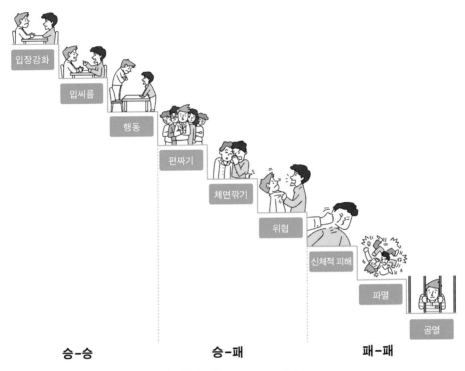

승-승　　　　　**승-패**　　　　　**패-패**

[그림 1-3]　갈등고조 단계

출처: Glasl (2020).

① 입장강화

갈등 양 당사자의 입장이 강해지면 서로 충돌하고 긴장한다. 이들은 생각을 바꾸기도 하고 말실수도 하며, 긴장감으로 자유롭지 못하다. 당장의 합의는 불가능하며 상대방에게 따져야 한다는 마음이 앞선다. 그러나 대화를 통해 해결책을 찾을 수 있다고 믿는다.

② 입씨름

갈등당사자는 더욱 단호한 태도를 보인다. 자기 주장만을 내세워 상대방을 일방적으로 설득하려 한다. 극단적 사고, 감정, 의지를 보이며 자신의 편을 들어줄 제삼자를 찾는다. 흑백논리로 합리적인 것처럼 주장한다. 상대방의 말과 자신의 주장이 뒤섞이며 상대방보다 우위에 서기 위해 입씨름한다.

③ 행동

'이제 더 이상 말이 필요 없다'는 식을 통해 행동으로 사실을 보여 주고자 한다. 우리-감정, 의견 표현, 공감 능력이 약해지면서 상대방의 행동에 대한 오해가 커지고, 갈등이 구체적인 행동으로 드러나기 시작한다. 상대방을 폄하하고 그의 약점을 주위에 알린다. 시비조 말투와 신경전이 본격화된다.

④ 편 짜기

갈등은 사실에서 관계로 옮겨 간다. 갈등 해결에 대해 회의적이고 오직 승패에만 집중한다. 자신과 자신의 행동은 좋게 보고 상대방은 적으로 본다. 갈등과 관련 없는 타인들에게 자신이 하는 행동의 정당성을 알리고 도움을 청하며 편 짜기를 한다.

⑤ 체면 깎기

더 이상 신뢰할 수 없는 상대방을 공개 비난하고 약점을 폭로함으로써 난처하게 만든다. 악마와 같은 상대방에게 모든 책임을 돌리고, 복수, 반칙, 피장파장식의 행동 등을 한다. 상대방에 대한 모욕과 폭력과 함께 좌절감과 고립의 정도가 급속히 높아진다.

⑥ 위협

사실 문제를 떠나서 남은 것은 오직 상대방에 대한 위협뿐이다. 올가미에 걸린 듯 서로 자신이 만든 막다른 골목에 내몰린다. 스트레스는 최고조에 이르고 감정을 제멋대로 표현한다. 물리적 힘을 과시하고 폭력을 행사하려 하며, 자제력을 잃고 비합리적인 행동을 한다. 이제 갈등은 자체 동력으로 전진하기 때문에 아무도 통제할 수 없다. 삶이 갈등에 휩싸여서 더 이상 벗어날 길이 없다.

⑦ 신체적 피해

상대방은 자신을 지키기 위한 '표적물'일 뿐이다. 상대방을 이길 수는 없지만, 생존에 충격을 줄 정도로 신체적 피해를 가하는 것이 곧 승리이자 최상의 목표이다. 갈등당사자 간 대화는 단절되고 일방적 통보만 있을 뿐이다.

⑧ 파멸

상대방을 제거하는 데 자신의 모든 것을 바친다. 상대방의 가족, 조직 등 모든 것이 공격의 대상이다. 주위를 의식하지 않으며 자신을 희생해서라도 상대방을 제거하려 한다. 윤리나 도덕 따위에 아랑곳하지 않는 인면수심의 상태가 되지만, 자신의 생명만은 유지하려 한다.

⑨ 공멸

상대방을 제거하기 위해 기꺼이 자신의 목숨도 바치는 전면전을 벌인다. 더 이상 돌이킬 수 없는 최악의 상황이 된다. 상대방과 함께 죽는 것이 한 가닥의 희망이다.

갈등고조 9단계는 크게 세 단계로 구분하여 적절한 관리 방법을 찾을 수 있다.

- 승-승 단계(1~3단계): 갈등 양 당사자가 스스로 갈등을 해결할 수 있는 상황이므로 대화 연습을 통해 자율적으로 모두가 수용할 수 있는 상생의 해결책을 강구할 수 있다.
- 승-패 단계(4~6단계): 갈등당사자 일방이 상대방의 희생을 담보로 하여 승리하는 제로섬 게임만 가능한 상황이다. 갈등은 당사자의 자력으로 저지할 수 없을 만큼 고조된다. 갈등을 해결하기 위해서는 제삼자의 개입이 필요하다.
- 패-패 단계(7~9단계): 갈등당사자 모두 패자가 될 뿐이다. 상대방인 '원수'를 완전히 제거하는 데 주력한다. 제삼자의 도움이 불가능하다. 파국을 막는 방법은 외부 권력의 개입이다.

다행히 교실갈등이 4단계 이상으로 고조되는 경우는 드물다. 그러나 갈등고조 단계는 교실에서 발생하는 갈등을 분류하고 갈등이 고조되면 갈등 양 당사자 모두에게 불리하다는 것을 인식하는 데 도움이 된다. 따라서 교사는 자신의 어떤 행동이 갈등을 악화시키는지, 어떤 행동이 긴장을 완화시키는지를 아는 것이 중요하다 (Gugel, 2002).

〈표 1-2〉 갈등고조 및 갈등완화 행동과 태도

갈등고조 행동과 태도	갈등완화 행동과 태도
협의 없이 일방적으로 기정사실화한다.	상대방과 협의하여 진행한다.
공격적 언어	상호존중, 수용적 언어
상대방의 진실성을 폄하하고 비웃는다.	상대방의 진실성을 존중한다.
고정적이고 경직된 판단과 의견	상대방의 주장에 대한 개방성(내적 입장 변화)
사실/행동과 사람을 구분하지 않는다.	사실/행동은 평가하고 사람은 인정한다.
상대방의 의지를 꺾으려 한다. 압력을 가한다.	적절한 주장으로 설득한다.
비방과 책임전가	나-전달법과 사실에 근거
반대 입장을 흑백논리로만 본다.	회색논리로 바라본다.
힘겨루기, 불확실한 절차	안전 보장, 투명성
자신의 이익만 고려-편파적	서로의 이익 고려-제편적(multi-partial)
욕구와 소망 불인정	욕구와 소망 인정
합의 위반	합의 존중과 준수
특히 제삼자 앞에서 상대방의 체면을 무시한다.	상대방의 체면을 세워 준다.
동맹 형성	협력 제안
돌파구 차단	다양한 의사결정 가능
불문율 위반	불문율 준수

6. 교실갈등: 유용한 모델과 자세

이 책의 목표는 교실갈등을 완화시키는 것이다. 이에 따라 다음 제2장부터 제6장까지 각 장에서는 〈표 1-2〉에서 기술한 갈등완화 행동들을 구체적인 기법으로 실행할 수 있는 전략과 방법을 다룰 것이다. 기법은 학습만으로는 충분치 않다. 몸에 익혀서 기본 자세가 되어야 한다.

어떤 자세를 취하느냐는 갈등 경험과 깊은 관련이 있다. 많은 사람이 어린 시절 갈등에 대한 부정적 경험을 가지고 있다. 이들은 갈등이라고 하면 부정적 감정, 멸시와 상처, 승리 또는 패배, 고통, 침묵, 묵인 등을 연상한다. 이런 경험은 갈등에 대한 견해와 갈등관리에 지속적으로 영향을 미친다.

학교에서 다양한 욕구, 가치, 소망 그리고 기대가 서로 충돌하는 것은 정상이다. 따라서 갈등이 발생할 가능성이 매우 높다. 이에 교사는 자신의 갈등 경험과 갈등 행동을 잘 알고 있어야 한다. 이와 관련하여 교사는 자신에 대해 다음과 같이 질문할 수 있다. "나는 기본적으로 어떤 유형에 속하는가?" "나는 갈등을 회피하는가, 아니면 싸우기를 선호하는가?" "나는 빨리 포기하는가, 아니면 제삼자에게 갈등관리를 위임하는가?" 또는 "나는 타협과 합의를 도전적 과제로 생각하는가?"

기본 유형은 '좋다' '나쁘다'의 평가 대상이 아니다. 그렇지만 자신을 알고, 늦더라도 역량을 높이는 것이 도움이 된다. 쉽게 포기하고 자신에 대해 화를 내는 사람도 동료나 전문가의 도움으로 자신의 목적을 위해 노력하는 것을 배울 수 있다. 역량을 높이면 상황에 적절한 갈등 행동을 할 수 있다. 예를 들어, 자녀가 아프지 않은데 결석계를 써 주는 학부모와 예측할 수 없는 싸움을 하면 좌절하고 분노할 수밖에 없다. 이와 반대로, 자신은 동료들을 돕지 않으면서 자신의 수업 준비에 도움을 요청하는 동료교사에 대해서는 침묵 속에서 고통받기보다 싸우는 게 더 낫다. 자신의 자세에 대한 성찰을 통해 갈등에 적절히 대처할 수 있다. 자세는 어떤 이론적 관점을 택하느냐에 따라 다르다. 다음에서는 이 책의 기반이 되는 두 가지 중요한 이론적 모델을 간략히 소개하고자 한다.

1) 체계론적-구성주의적 접근

"A 학생이 가정환경이 좋지 않아 수업을 방해한다."라는 식으로 갈등을 선형적 인과관계로 보는 관점(linear causal perspective)과는 달리, 체계론적 관점은 체계를 이루는 모든 요소가 연결되어 서로 영향을 미친다고 가정한다.

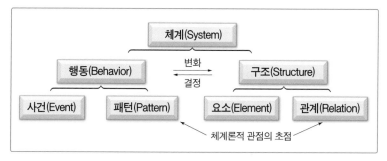

[그림 1-4] 체계론적 관점

교실은 교사와 학생들 그리고 그들 간의 관계들로 이루어진 체계이다. 이 체계를 모빌로 비유하면, 한 요소(학생 또는 교사)의 움직임은 다른 모든 요소에 영향을 미친다. 체계에서 많은 행동이 동시에 이루어지기 때문에 스스로 균형을 이루려는 구조가 형성되는데, 이 구조를 패턴이라고도 한다. 따라서 체계론적 관점은 갈등이 발생하면 그 원인을 단일 요소에서 찾는 것이 아니라, 요소 간 관계 패턴, 의사소통, 갈등전략 등을 살펴보고 기존의 패턴을 중단하여 새로운 행동과 관계를 통해 더 유용한 구조를 만들어 가는 것이 핵심이다. 학교는 교실보다 더 복잡한 체계이다. '교실' 체계는 학교라는 더 큰 체계에 배태되어 있으며, 지배적인 학교문화에 영향을 받는다. 더 나아가 학교는 학교 당국, 교육청, 교육부, 정치적 의사결정자 간 관계로 특징지어지는 '교육체계'의 일부가 된다. 교실을 이루는 학생과 교사는 각자의 가족체계, 즉 원가족의 가치, 관계 및 의사소통 패턴을 가지고 교실에 들어온다.

따라서 힘든 학생의 행동에 대해 그 모든 원인을 찾거나 제거할 수 없으므로 교실갈등관리를 위해서는 체계론적 관점을 취하는 것이 도움이 된다. 체계론적 관점에서는 원인 분석과 책임전가보다 패턴 변화에 초점을 맞춘다. 동시에 누구나 스스로 행동할 수 있는 기회가 있다. 아무도 상대방이 변화할 때까지 기다릴 필요가 없지만, 자신의 행동이 변할 때마다 패턴도 변한다. 자신의 행동은 자신이 가장 신속히 바꿀 수 있으므로 패턴도 가장 먼저 중단시킬 수 있다.

"효과가 있으면 더 많이 하고, 효과가 없으면 다르게 하라."라는 격언이 있다. 이 격언에 따라 체계론적 관점을 취하면 문제나 갈등이 발생해도 옳은 조치만을 취해야 한다는 부담에서 벗어날 수 있다. 우리가 하는 모든 것이 패턴을 깨뜨리는 역할을 하며, 이로 인해 패턴은 변한다. 하지만 그 변화는 새롭고 더 유용한 패턴을 바라는 패턴중지자의 마음대로 이루어지지 않는다. 따라서 어떤 조치든 효과가 있으면 계속하지만, 효과가 없으면 다른 조치를 생각해야 한다.

체계론적 관점과 함께 구성주의적 접근도 갈등과 관련하여 시사하는 바가 크다. 구성주의적 접근에 따르면, 개인은 세상에 대한 자신만의 주관적 표상을 가지고 있다. 사람들은 서로 다른 경험으로 인해 실재에 대해 서로 다른 이미지를 갖는다. 따라서 엄밀히 말하자면, 모든 사람은 자신만의 인식 및 설명 패턴을 통해서만 실재를 파악할 수 있기 때문에 실재가 '정말로' 무엇인지 말할 수 있는 사람은 아무도 없다. 모든 사람은 주변 환경(실재)에 대해 자신만의 주관적인 지도를 만든다. 따라서 동일한 거리라도 도로가 중요한 사람이 있고, 건물이 중요한 사람이 있으며, 방향을 알리는 교통표지가 중요한 사람이 있다. 지도에 도로 또는 건물이나 교통표지가 표시되어 있든지 간에, 그 지도의 옳고 그름은 보는 사람의 눈에 달려 있다. 이를 학교에 적용하면, 교사가 학생의 말을 도발 또는 도움 요청으로 이해할 것인지는 교사의 해석 패턴에 달려 있다. 따라서 누구든 자기 나름대로 실재를 구성한다고 할 수 있다. 이 기본 가정에 따르면, '좋음/나쁨' '옳음/그름' 또는 '진실/거짓'에 대한 토론은 불필요한 시간과 에너지의 낭비일 뿐이다. 대신에 사람들이 서로 다른 실재를 가지고 있음을 받아들이면 서로 상대방의 '지도'를 알려고 할 것이다. 이런 식으로 우리는 '실재'에 대한 보다 더 완전한 이미지를 가질 수 있으며, 아울러 주관적 해석으로 인한 많은 갈등은 나쁜 의도보다 오해에 더 가깝다는 것이 분명해진다.

2) 토마스 고든의 갈등 모델

체계론적—구성주의적 접근의 보다 근본적인 성찰을 기반으로 하는 토마스 고든(Thomas Gordon, 1918~2002)의 갈등 모델은 전략적 교실갈등관리에 실질적 도움을 준다. 그는 미국의 실천적 심리학자이자 교수로서 아동 및 청소년과 함께 작업한 경험을 통해 의사소통과 비폭력적 갈등해결이 인간관계에 중요하다는 것을 인식하고, 칼 로저스(Carl Rogers, 1902~1987)의 과학적 원리와 인본주의 심리학을 바탕으로 하여 일상생활에서 사용할 수 있는 실질적 모델을 개발했다. 또한 그는 인본주의 심리학의 선구자로서, 다정하고 자유로운 분위기에서 자란 사람은 책임감 있고 자기주도적이며 만족스러운 삶을 영위할 수 있다고 확신했다. 그는 서로 편안하고 존중하는 관계의 중요성을 확신했기에 부모, 교사 및 기타 전문가들을 대상으로 한 교육 과정을 개발했다.

그의 모델에 따르면, 모든 사람은 '행동의 창(Behavior Window)'이라는 패러다임을 통해 타인의 행동을 보고 '수용 가능한 행동'과 '수용 불가능한 행동'으로 분류한다고 가정한다. 수용 가능한 행동

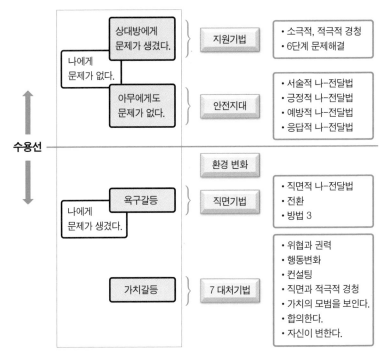

[그림 1-5] 행동의 창 모델

은 다시 '문제없는 행동'(수용선 위)과 '문제 있는 행동'(수용선 아래)으로 평가된다. 수용선은 개인마다 다르며 일상, 환경 또는 상대방에 따라 변한다. 예를 들어, 학교 운동장에서는 고성이 수용 가능하지만 교실에서는 수용 불가능하다. 학교 운동장을 감독하는 교사가 심한 두통을 앓고 있는 경우에도 학교 운동장에서 학생의 고성은 수용 불가능하다. 하지만 어리고 특별한 장애가 있는 학생의 경우에는 교실에서 고성을 수용할 수 있다.

관찰자(교사)가 상대방(학생)의 행동을 수용할 수 있으면 두 사람의 관계는 문제가 없는 영역에 속한다. 행동관찰자가 상대방에게 문제가 있음을 알아차릴 수도 있다(예: 학생이 수업 시간에 울기 시작한다). 이에 대해 교사는 적절한 방법(능동적·수동적 듣기, 문제해결 6단계)으로 학생이 문제를 해결하도록 도울 수 있다. 목표는 학생이 스스로 해결책을 찾아서 실행하도록 하는 것이다.

학생의 행동이 수용선 아래에 속하면 교사는 무언가 잘못되었다고 느낀다. 즉, 교사에게 문제가 생긴 것이다(예: 한 학생이 수업 시간에 떠든다. 교사는 이 행동을 수용할 수 없지만 학생은 수용할 수 있다). 문제가 생긴 사람은 행동해야 한다. 고든은 이를 위한 다양한 기법을 제시한다. 종종 환경을 바꾸거나(학생을 다른 장소로 옮기거나 수업 방식을 변경) 나-전달법으로 대화한다. 이로써 충분하지 않다면 교사와 학생의 욕구나 가치가 다르고 서로 충돌한다는 뜻이다. 즉, 갈등이 발생한다. 욕구갈등과 가치갈등은 학습 가능한 방법으로 해결할 수 있다. 예를 들어, 욕구갈등은 패자 없이 모두가 이기는 상생(win-win)의 방법으로 해결한다. 이 방법은 먼저 양측의 욕구를 파악하여 모두 충족하는 해결책을 찾는 것을 목표로 한다. 가치가 충돌하면(교사는 '교칙을 지키는 것이 당연하다'는 입장, 학생은 '친구에게 중요한 정보를 즉시 주는 것이 당연하다'는 입장) 가치갈등이 발생한다. 고든은 가치가 교사에게 얼마나 중요한지, 그리고 관계를 위해 어떤 위험을 감수할 수 있는지에 따라 가치갈등을 다루는 일곱 가지 방법을 제시한다.

고든 모델은 여기서 모두 설명할 수 없지만, 갈등을 해결하는 데 몇 가지 장점이 있다. 먼저, 학생 행동뿐 아니라 모든 인간관계에 적용할 수 있는 일반적 모델이다. 또한 이 모델은 '보이는 것'이 실제로 문제인지, 즉 누구에게 문제가 생겼는지를 더 명확히 알 수 있는 기회를 제공한다. 이를 통해 갈등과 거리를 두고 전문적, 즉 사려 깊은 행동을 할 수 있다. 문제가 생긴 사람을 확인하면 적절한 조치를 취할 수 있다. 이로써 상황이 명료해지고 행동지침을 수립할 수 있다. 로저스(제5장)에 따르면, 연습과 상대방을 존중하는 태도는 이 방법을 성공적으로 적용하기 위한 전제조건이다. 체계론적 관점에 따르면, 고든이 제시한 기법들이 모두 항상 효과적이라고 주장할 수 없다. 그렇지만 이 기법들은 기존의 패턴을 중지하기 위한 수단이며, 모방을 통한 학습이라는 의미에서 서로 존중하는 새로운 패턴을 가능케 한다.

3) 교사 행위의 4측면

교사는 교실갈등과 함께 문제 또는 어려움에 대처함에 있어 항상 자신의 행동을 본인, 학생, 교실 그리고 학교 대내외 파트너 측면에서 고려해야 한다.

(1) 교사

누구나 자신을 성찰하고 패턴을 중지한다는 의미에서 신속히 자신의 변화를 주도할 수 있다. 모든 교사는 자신의 자세, 언어, 존재, 태도를 의식하며, 필요하면 변화를 시도할 수 있다. 자신의 '약점들'이 어디에 있는지, 그리고 전문적 행동이 가능한지를 알면 갈등 상황에서 다름을 해소하고 행동전략을 세울 수 있다. 이런 일련의 과정을 위해 공동 또는 개별 코칭을 통해 도움을 받는다는 것은 고충을 전문적으로 처리한다는 의미이다. 모든 교사는 스스로 적절한 조치를 취할 수 있고 다른 교사들이 변할 때까지 기다릴 필요가 없기 때문에 이 책에서 기술하는 많은 전략은 교사가 곧 '전문가'임을 전제로 한다.

(2) 학생

교사는 문제를 없애기 위해선 학생이 변해야 한다는 전통적 관념에서 벗어나 학생의 변화를 돕는 조력자가 되어야 한다. 관건은 관계를 형성하고 존중하며 가능한 목표를 세우는 것이다. 이를 위해 학생의 변화를 가능케 하고 촉진하는 전략을 제시할 것이다. 이 전략의 원칙은 항상 학생의 강점에 집중하는 것이다.

(3) 교실

교실 측면에서는 학생 참여, 문제와 갈등을 해결하기 위한 상호 협력뿐 아니라 절차와 반복되는 상황에 대한 구조화, 의식화(ritualization) 그리고 표준화가 중요하다. 의식과 구조가 투명하면 교사와 학생 모두가 안심하고 자신의 활동에 집중할 수 있다.

(4) 학교 대내외 파트너

앞에서 기술한 차원들은 교실 내에 관한 것이다. 그러나 많은 갈등의 경우, 교내외 파트너 또는 네트워크로부터 지원을 받는 것이 매우 중요하다. 개인적으로는 힘든 학생의 학부모, 집단적으로는 학부모회의 등과 협력할 수 있다. 예를 들어, 학부모회 대표, 학부모회 임원, 학습 멘토, 학부모 멘토 등이 갈등관리 및 변화 과정을 지원할 수 있다. 특히 개인적으로 학부모와 협력할 경우에는 학생의 학교생활, 양질의 수업 및 편안한 교실 분위기와 같은 공통 목표를 달성하는 데 항상 중점을 둔다. 학교 또는 지역 상황에 따라 학교를 지원하거나 자문하는 상담사, 사회복지사 등은 교내 파트너가 될 수 있다. 교외 파트너로는 청소년상담센터, 전문가 등이 있을 수 있다.

4) 갈등의 순기능

갈등 없이 학교생활을 할 수 있다고 믿는 것은 비현실적이므로, 끝으로 다시 한번 갈등의 순기능을 제시하고자 한다.

- **약점으로부터 배운다.** 갈등은 해결해야 할 문제가 있음을 의미한다. 갈등은 관련된 모든 사람에게 무엇이 잘못되었는지 주의 깊이 살펴보도록 한다. 이처럼 갈등은 개인과 체계 모두를 자극하여 스스로 반성하고 더 배우며 발전할 수 있도록 한다.
- **마찰로 불꽃이 일다.** 갈등은 관련된 모든 사람에게 에너지를 방출한다. 이 에너지는 개인뿐만 아니라 집단의 건설적인 변화 과정을 위해 사용할 수 있다.
- **취사선택하도록 한다.** 갈등은 새로운 아이디어를 자세히 검토하고 새로운 것을 신중히 도입하도록 한다. 하지만 갈등은 단

지 "항상 그렇게 했다."라거나 "과거에 효과가 있었다."라는 이유만으로 관행적 행동, 관계 또는 가치를 고수해서는 안 된다는 것을 상기시킨다.

• 침묵은 은이고 대화는 금이다. 갈등은 갈등당사자들의 의사소통을 필요로 한다. 갈등을 생산적으로 해결하려면 서로 대화해야 한다. 학교에는 갈등당사자들을 위한 넓은 학습의 장이 있다.

• 응집력을 높인다. 갈등은 화합하도록 한다. 논쟁은 갈등 사안이 갈등당사자들에게 중요하다는 것을 의미한다. 공동 목표에 집중하고 모두를 위한 원만한 해결책을 찾을 수 있다면, 갈등당사자들은 갈등으로 더 강해진다.

따라서 갈등은 순기능이 많다. 갈등의 순기능을 알면 교실갈등에 일정한 거리를 두고 전문적으로 완화시킬 수 있는 방향으로 대처할 수 있다.

제 2 장

학생-학생 갈등: 해결책 강구

1. 갈등 유형 인식

다양한 욕구, 소망 그리고 기대가 서로 충돌하는 곳에는 항상 갈등이 발생한다. 교실에는 학교가 아니라면 서로 친구가 될 수 없는 학생들이 모여 있다. 따라서 학생들 사이에서 갈등은 '정상적' 현상이라고 할 수 있다. 학생들은 대개 갈등의 원인과 상관없이 더 잘 지낼 수 있음을 알고 있기 때문에, 일반적으로 이 '정상적' 갈등의 해결책을 찾을 준비가 되어 있다. 학생들이 근본적으로 원하는 갈등해결책을 강구하기 위해서는 대개 성인의 도움이 필요하다.

[그림 2-1] 학생 간 갈등

두 학생은 동등한 지위에 있다. 즉, 두 학생은 힘의 차이가 없다. 일방 또는 쌍방이 상대방의 행동이나 습관을 성가시거나 방해로 인식한다. 두 학생은 서로를 위한 개선책을 찾고자 하며, 동시에 상대방에게 기꺼이 다가가 필요하다면 타협할 의지와 능력이 있다.

> • A 학생과 B 학생이 함께 문제집을 풀고 있다. A 학생은 항상 책상의 더 많은 부분을 사용한다. B 학생이 담임교사에게 다음과 같이 요청한다. "A는 항상 자기만 책상을 차지하려고 합니다. 선생님께서 A에게 저도 책상이 필요하다고 말씀해 주세요."
> • 조용한 A 학생이 휴식 시간에 B 학생에게 소리친다. "내 물건에 손대지 마! 네가 책상에 있는 것을 모두 떨어트렸잖아!"
> • A 학생이 담임교사에게 친구인 B 학생과 탁구를 칠 수 있도록 부탁한다. C 학생과 D 학생이 휴식 시간에 하나뿐인 탁구대를 항상 독차지하며 탁구를 치고 있다.

1) 갈등신호

학생 간 갈등이 발생하면 교사는 대개 영문도 모른 채 갈등을 맞이한다. 다음과 같은 징후는 두 갈등당사자가 해결하고자 하는 갈등이 있음을 나타낸다.

• 실질적 내용에 관한 갈등이다.
• 두 학생은 처음으로 다투거나 거의 다툰 적이 없다. 즉, 평소

에는 서로 잘 지내고 있다.

• 두 학생은 예를 들어 상황을 설명하며 갈등을 함께 해결하려
는 의지를 보인다.

2) 경보신호

때로는 성인이 보기에 단순해 보이는 갈등이 있다. 하지만 다음
과 같은 상황에서 교사는 학생들의 다툼이 더 고조되지 않도록 주
의해야 한다.

• 학생들이 서로 말을 가로막거나 소리를 지른다.
• 일방 또는 쌍방이 진정하지 못하거나 자제력을 잃을 수 있다.
• 두 학생의 갈등으로 교실이 양분된다.

2. 교사의 역할과 자세

두 학생 사이에 갈등이 있지만 서로 해결하려는 경우, 교사의 임
무는 갈등해결 절차에 적합하고 안정적인 방법을 제공하는 것이
다. 교사는 갈등과 직접적인 관련이 없으며, 따라서 해결책에 대한
책임도 없음을 분명히 해야 한다. 이런 유형의 갈등에서 교사는 양
당사자를 공정하게 지원하는 조정자(mediator)이다. 교사는 자신
의 욕구나 가치와 상관없는 태도로 행동해야 한다.

교사는

- 대화를 진행한다.

- 갈등과 관련이 없다.

- 쌍방을 공정하게 지원한다.

- 학생 간 갈등은 자신의 가치와 욕구와 관련이 없다.

- 해결책에 책임을 지지 않는다.

[그림 2-2] **갈등조정**

교사는 조정자로서 쟁점과 거리를 두고 갈등의 양 당사자에게 동등하게 최선을 다한다. 교사는 어느 편도 들지 않으며 누구에게도 옳다고 하지 않는다. 즉, 교사는 갈등당사자들을 동등하게 공감하고 존중하며 지원하는 제편성(multi-partiality)을 준수한다. 즉, 교사는 존중하는 자세로, 다투는 학생들이 자신의 욕구와 소망을 말로 표현하고 공동의 해결책을 강구하도록 지원한다. 하지만 교사는 그 해결책에 책임지지 않는다. 다시 말해, 교사는 해결방안을 제시하지 않는다.

학생들이 이미 갈등조정(mediation)에 대해 알고 있다면, 그들에게 스스로 갈등을 해결하는 데 필요한 노하우를 이미 가지고 있음을 상기시키는 것으로 충분하다.

1) 함정

(1) 제편성 위반

교사가 자신이 중립적인 진행자로서 제편성을 잃고 특정 갈등 당사자의 편을 들고 싶어 하는 것을 깨달았다면, 이는 조심하라는 뜻이다. 개인의 의견은 무의식 중에 신체언어 또는 소리로 표현된다. 갈등당사자들은 이를 즉시 알아차리고 교사를 조정자로 인정하지 않는다.

〈대처 방법〉

• 교사는 자신을 살펴서 어떤 은밀한 태도가 자리 잡고 있는지를 깨달아야 한다.

• 교사는 '제편성'을 상기시키는 그림, 신체적 자세 또는 장소를 통해 '제편적' 태도를 견지해야 한다.

• 교사는 갈등조정이 옳고 그름을 가리는 것이 아니라 갈등당사자들이 받아들일 수 있는 해결책을 강구하는 것임을 명심해야 한다.

---

(2) 강연과 훈계

교사는 이미 자주 경험했거나 하찮게 여긴 갈등에 대해 "내가 너희들에게 얼마나 자주 말했는지 알고 있지……."라는 모토에 따라 학생들에게 문자를 보내거나 긴 강연을 한다. 훈계와 강연은 근본적인 갈등을 해결할 수 없기 때문에 효과가 없다. 대개 학생들은 이를 제대로 듣지 않거니와 기껏해야 의례적으로 고개만 끄떡인다. 교사는 훈계와 강연으로 오히려 갈등에 빠질 위험이 크다.

〈대처 방법〉

• 교사는 강연이나 훈계를 자제해야 한다. 조정자가 아닌 교사로 활동할 때 강연과 훈계를 자제할수록 더 효과적이다.

• 적극적 경청이 중요하다. 교사는 학생들의 말을 자신의 언어로 반복하고, 경우에 따라 그들의 감정을 언어로 표현한다. "학생은 A가 지나가면서 학생의 노트북을 테이블에서 떨어뜨렸기 때문에 A에게 매우 화가 난다는 거지요?"

(3) 갈등에 관여

교사는 제편성을 지키지 못하면 갈등에 관여할 위험이 커진다. 갈등에 관여하면 중립적인 조정자의 역할을 할 수 없다.

〈대처 방법〉

• 교사는 제편성을 잃으면 조정을 중단 또는 연기하거나 제편성을 지키는 동료교사에게 의뢰한다.

3. 유용한 전략

　학생과 교사가 이런 유형의 갈등을 원만히 해결하거나 추후 예방할 수 있는 다양한 전략이 있다. 갈등을 만족스럽게 해결하려면 학생들이 필요한 방법들을 실제 활용할 수 있어야 한다. 그렇지 않으면 한 학생이 상대 학생의 말을 가로막거나, 공격 또는 고자질을 하거나 선의의 제안을 거부하면 갈등은 쉽게 고조될 수 있다. 따라서 학생들은 다음과 같은 방법을 학습해야 한다.

- 갈등을 적절하고 정중하게 표현하는 방법(p. 50 '나-전달법' 참조)
- 서로 수용할 수 있는 해결책을 강구하는 방법(p. 53 '교사의 약식 갈등조정', p. 59 '또래조정' 참조)
- 갈등당사자들이 스스로 해결할 수 없는 경우에 도움을 요청하는 방법(p. 63 '학급회의' 참조)

　이런 방법은 학생들에게 학교뿐만 아니라 사생활이나 향후 직장생활에서도 매우 중요하다. 따라서 학교교육 과정에 이러한 방법을 습득하는 것이 포함되어야 한다.

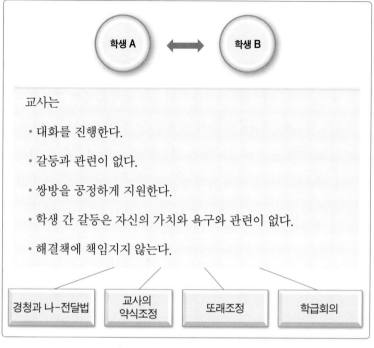

교사는

• 대화를 진행한다.

• 갈등과 관련이 없다.

• 쌍방을 공정하게 지원한다.

• 학생 간 갈등은 자신의 가치와 욕구와 관련이 없다.

• 해결책에 책임지지 않는다.

| 경청과 나-전달법 | 교사의 약식조정 | 또래조정 | 학급회의 |

[그림 2-3] 갈등해결 방법

1) 경청과 나-전달법

(1) 경청

경청은 성공적 갈등해결을 위해 매우 중요한 능력이다. 경청에는 상대방의 이야기를 듣고 내용을 기록하는 '기술적 경청'과 내용을 이해하고 감정 이입하는 '공감적 경청'이 있다. 갈등 상황에서 상대방의 말을 이해할 뿐 아니라 상대방의 입장에서 생각하고 느낌으로써 갈등해결에 좀 더 다가설 수 있다. 상대방에게 이해했다는 신호를 보내고, 상대방도 이를 이해하고자 하면 타협하고 합의하려는 의지가 커진다. 따라서 교실에서 공감 연습이 지속적으로 이루어져야 도움이 된다.

연습 1 : 녹음기 놀이

목표: 주의 깊게 듣기와 내용 재생

시간: 10분

준비물: 없음

학년: 모든 학년

방법: 학생들은 2인 1조로 모인다. 한 학생은 녹음기이고 다른 학생은 화자이다. 화자는 어제 일어난 사건들을 2분 동안 이야기한다. 녹음기는 화자의 말을 경청하고 녹음한다. 2분이 지나면 교사는 녹음기에게 들은 내용을 재생하도록 한다. 즉, '녹음한' 학생은 들은 것을 그대로 옮긴다. 그러고 나서 서로 역할을 바꾼다.

연습 2

목표: 주의 깊게 듣기, 이야기를 옮길 때 어떤 일이 벌어지는지 확인하기

시간: 20분

준비물: 없음

학년: 모든 학년

방법: 학생 3명이 교실에서 나간다. 교사는 교실에 남은 학생들에게 짧은 이야기(동화, 우화 또는 체험담)를 들려주고 들은 이야기

를 전달하는 데 중요한 경청 방법을 상세히 설명한다. 그리고 밖으로 나간 학생 중 한 명에게 이 이야기를 들려줄 학생을 정한다. 나머지 학생들에게는 이 학생이 들은 이야기를 전달하는 과정에서 바뀐 내용이 무엇인지 살피도록 한다.

교사는 밖에 있는 한 학생을 교실로 들어오게 하여 지금 듣는 이야기를 다른 학생에게 전달해야 한다고 설명한다. 교사가 이 학생에게 이야기를 들려준다. 이 학생은 밖에 있는 학생 중에 한 명을 불러들여 들은 내용을 전달한다. 이야기를 들은 두 번째 학생은 다시 세 번째 학생을 불러들여 들은 내용을 전달한다. 세 번째 학생은 들은 내용을 전체 학생에게 다시 들려준다.

끝으로 학생들은 함께 어떤 내용이 누락되거나 바뀌었는지, 그리고 들려주는 과정에서 어떤 일이 벌어졌는지를 생각한다. 대개 마지막으로 들려준 이야기는 처음 들려준 이야기와 사뭇 다르다. 이를 통해 학생들은 경청이 얼마나 중요한지를 이해한다.

(2) 나–전달법

나–전달법은 갈등을 적절히 해결하는 데 유용한 방법이다. 나–전달법은 학생들이 쉽게 배울 수 있고 성인에게도 갈등해결을 위한 가장 기초적인 방법이다. 나–전달법은 다음과 같은 네 부분으로 이루어진다.

- 상대방의 피해 행동을 평가하지 않고 기술(예: "네가 내 책을 떨

어트렸다.")

- 욕구에 미친 영향(그 피해 행동이 화자에게 어떤 결과를 낳았는가?)(예: "나는 다시 정리해야 하고 국어책이 더러워졌다.")
- 감정에 미친 영향(그 피해 행동이 화자에게 어떤 감정을 유발했는가?)(예: "그래서 나는 화가 났다.")
- 원하는 행동(예: "나는 네가 내 책상을 피해 갔으면 좋겠다.")

나-전달법을 통해 자신의 관심사를 상대방에게 모욕하거나 무시하지 않고 적절히 표현하여 갈등을 완화할 수 있다. "적절히"는 말하는 사람이 상대방의 피해 행동을 명확히 표현하면서 동시에 여전히 상대방에게 감사하고 존중한다는 의미이다. 따라서 갈등이 발생하면 갈등당사자는 항상 자신에 대해 이야기하며, 상대방에게는 모욕적이거나 경멸적인 말투를 사용하지 말아야 한다. 학생들이 나-전달법을 학습하려면 먼저 이를 예습한 다음에 교실에서 실행하는 것이 바람직하다. 교사는 갈등이 발생하면 학생들이 나-전달법을 기억하여 실행하도록 도와주어야 한다.

학생들은 나-전달법 형식(p. 280 '1. 나-전달법' 참조)에 따라 쉽게 할 수도 있다. 감정이 쌓인 학생은 나-전달법을 통해 메타 수준(성찰)으로 이동하여 분노의 소용돌이에서 빠져나올 수 있다. 아울러 한국어가 서투른 학생들도 나-전달법을 할 수 있다. 나-전달법은 교실의 보드나 벽에 써 붙여서 누구나 기억할 수 있도록 한다. 나-전달법은 일단 습득하면 자연스럽게 할 수 있다.

🖉 연습: 갈등 사례

목표: 나–메시지 연습

시간: 15분

준비물: 종이와 필기구

학년: 모든 학년

방법:

- 학생들은 2인 1조로 모인다.
- 학생들은 함께 과거에 화가 났거나 동료 학생이 관련된 상황을 생각한다.
- 학생들은 나–전달법 절차에 따라 상대 학생에게 할 이야기를 작성한다.

행동/상황을 기술한다.

상대방이 한 말과 행동을 상처주지 않는 말로 기술한다.

"네가 ……해서, 내가 ……했다."

결과와 감정을 알린다.

상대방에게 그의 행동이 나에게 어떤 결과를 낳았고, 그래서 나는 어떻게 느꼈는지를 말한다.

"……때문에 나는 화가 난다/슬프다/염려된다."

소망을 말한다.

서로 좋아지기 위해 상대방에게 어떻게 행동해야거나 무엇을 할 수 있는지를 전달한다.

"나는 네가 ⋯⋯하기를 바란다."

• 이어서 학생들은 자신의 메시지를 발표하고 그 효과에 대해 토론한다.

2) 교사의 약식 갈등조정

약식 갈등조정은 교사가 학생들의 갈등을 해결하기 위한 대표적인 방법이다. 학생들 사이에 갈등이 발생하면, 교사는 조정자가 되어 학생들에게 갈등해결을 위한 좋은 본보기가 되어야 한다. 즉, 교사는 신속한 의사결정(내가 갈등조정을 할 것인가? 갈등조정을 할 수 있는가? 갈등조정을 할 시간이 있는가? 갈등조정을 미룰 것인가? 외부 전문가나 학급회의에 위임할 것인가?)을 위해 자신의 역할(내가 갈등조정을 하고 싶은가? 내가 갈등조정을 할 수 있는가? 갈등조정을 할 시간이 있는가?)을 신속히 정해야 한다.

교사는 갈등조정을 하기로 결정하면 갈등하는 학생들을 지원하고, 공감하는 제편성의 자세를 취하고, 갈등조정의 4단계에 따라 다음과 같이 진행해야 한다(p. 281 부록의 '2. 약식 조정 절차' 참조).

• 나-전달법으로 관심사를 전달한다. 조정자는 학생들에게 나-전

달법으로 자신의 관심사를 말하도록 요청한다.

"학생은 화가 났군요. 나-전달법으로 왜 화가 났는지 말할 수 있겠어요?"

학생은 나-전달법으로 화가 난 상황을 진술한다.

• 경청하고 반복한다. 조정자는 갈등당사자들에게 상대방의 말을 듣고 무엇을 이해했는지, 어떤 감정이 들었는지 반복하도록 한다.

"우리가 더 나아가기 전에, 선생님은 학생이 A 학생의 말을 듣고 어떤 감정이 들었는지를 아는 것이 중요합니다."

반복을 통해 갈등당사자는 들은 내용에 대해 답하기 전에 먼저 경청해야 한다는 것을 깨닫는다. 경청은 상호 이해를 위한 가장 중요한 능력이므로, 모든 갈등상황에서 경청을 연습할 수 있다. 아울러 반복은 상대방의 이야기를 실제로 들었는지 확인하는 데 도움이 된다. 상대방이 한 이야기를 반복함으로써 관점이 바뀐다는 것을 알 수 있다. 학생들은 자신의 행동이 상대방에게 문제가 된다는 것을 알게 된다.

• 조정자는 진심을 전할 기회를 제공한다.

"A 학생은 이제 진심을 말할 수 있어요. 학생은 용기 있고 진실한 사람이 어떤 사람인지 알지요. 선생님은 그런 사람을 존중합니다. 그래서 학생에게 묻습니다. 정말 B 학생의 말대로 그랬던 건가요?"

갈등당자자는 그렇다고 시인한다. 조정자는 "훌륭합니다!" 라고 말하는 것과 같이 그 용기와 진심을 칭찬한다. 조정자는 갈등당사자에게 상대방에게 들은 내용을 이행할 수 있는지 묻는다.

"선생님은 학생의 용감함에 감명받았습니다. 학생은 이제야 B 학생이 학생에게 원하는 것이 무엇인지 들었네요. 학생은 B 학생이 원하는 것을 할 수 있겠어요."

이 단계에서 부적절한 행동을 했다고 학생이 시인하는 것은 매우 어렵고 많은 용기가 필요하다. 따라서 이런 학생에게는 진실된 행동에 대해 존중을 표하는 것이 중요하다. 진심은 원만한 학교생활에서 절대적으로 필요한 가치이다. 안타깝게도 학생들은 자신이 한 행동을 부정하거나, 자신을 정당화하거나, 다른 학생을 비난함으로써 종종 이익을 얻는다. 하지만 학생이 용기 있고 정직한 행동으로 많은 관심을 받게 되면 진정성이 더 강화될 수 있다. 이런 학생은 교사와 동료로부터 관심을 받는다. 이처럼 학생의 인성을 함양하는 동시에, 그의 행동에 대해서는 부적절하다고 평가할 수 있다. '사람과 행동을 분리한다'는 원칙은 모든 갈등상황에서 교육의 기본이 되어야 한다.

• 합의한다. 갈등당사자가 상대방의 요청 사항을 이행하는 데 동의하면 합의문을 작성한다. 갈등당사자가 동의하지 않으면 갈등의 양 당사자가 함께 해결책을 모색하고 정식 갈등조정을 진행한다.

학생들이 나−전달법을 알고 적용할 수 있으면, 교사는 학생들이 자신들의 분노를 나−전달법으로 전달하도록 격려한다. 이로써 대개 약식 갈등조정은 성공한다. 그 이유는 학생들이 문제를 말함으로써 자신들의 행동이 옳지 않았다는 것과 문제를 빨리 없애고 싶다는 것을 깨닫기 때문이다. 모든 학생이 나−전달법을 교과 과정에서 배운다면, 모든 학생갈등에 대해 약식 갈등조정을 할 수 있다.

약식 갈등조정은 다음의 사례와 같은 절차로 진행된다.

사례

조정자: A 학생, B 학생에게 나−전달법으로 무엇이 본인을 힘들게 했는지 말해 보세요.

A 학생이 배운 대로 나−전달법으로 자신의 어려움을 말한다.

A 학생: B야, 네가 휴식시간에 내 공을 빼앗고 방해했잖아. 나는 공을 더 찰 수 없어서 정말 화가 났어. 나는 네가 사과하고 다음부터는 먼저 같이 공을 찰 수 있는지 물어봐 주길 바라.

조정자: B 학생, 대답하기 전에 먼저 본인이 들은 내용을 다시 말해 보세요.

B 학생은 자신이 이해한 A 학생의 말을 반복한다.

조정자: B 학생, 학생이 A 학생의 공을 빼앗었어요?

B 학생: 예, 맞아요.

조정자는 B 학생의 정직함에 경의를 표한다.

조정자: 그래요, 장합니다. 학생이 한 행동을 용기 내어 인정하니
　　대단합니다. 지금 학생의 행동을 되돌아보니 옳다는 건가요, 아
　　니면 잘못된 것인가요?

B 학생: 예, 제가 잘못했습니다. 공을 차도 되는지 물어야 했습니다.

조정자: B 학생, 학생은 A 학생이 원하는 것을 들었지요. 그렇게
　　할 수 있어요?

B 학생: 예, 제가 사과하고 다음부터는 먼저 물어보겠습니다.

　사과를 하면 합의안을 작성한다. 학급회의가 있는 경우, 합의안을
학급회의록에 기록하여 다음 회의에서 그 이행 여부를 확인한다.
　학급회의가 없는 경우, 갈등당사자가 합의안을 이행하지 않으면
다시 갈등조정을 신청하도록 권유한다. 다른 방법으로는 담임교
사에게 알려 합의안의 이행을 점검하도록 한다.
　사과는 갈등을 해결하는 중요한 방식이다. 하지만 학교에서 사
과는 종종 형식적 의식에 불과한 경우가 많다. 학생들은 쉽게 사과
를 하지만, 상대방이 진심으로 받아들이지 않는다는 것도 알고 있
다. 학생들이 진정한 사과를 하기 위해서는 사과가 무엇인지 알아
야 한다. 사과는 네 요소로 이루어진다.

- 상대방을 바라본다.
- 상대방과 악수한다.
- 사과할 내용을 전달한다(예: "A야, 내가 네 공을 빼앗아서 미안해.").
- 약속한다(예: "앞으로는 너와 놀고 싶으면 내가 먼저 물어 볼게.").

이어서 사과를 받은 학생에게 사과로 갈등이 해결되었는지 묻는다. 갈등이 심하지 않은 경우에는 상대 학생에게 불편 사항만 알려도 충분하다. 상대 학생도 이 정도로 만족하며 약식 갈등조정은 필요하지 않다.

갈등상대방인 B 학생이 정말 공을 빼앗지 않았다면, 그도 나–전달법으로 자신의 견해를 밝힌다. 이어서 조정자는 약식 갈등조정 또는 갈등의 양 당사자가 서로의 소망("나는 ……을 원한다.")을 이루기 위한 대화를 할 수 있다. 모든 학생은 상대방의 정직을 중요시하고, 이런 갈등이 있으면 서로 지지한다.

학생들이 나–전달법에 익숙지 않다면, 교사는 나–전달법을 활용하여 갈등을 완화하고 학생들이 절차에 따라 또래조정을 진행하도록 지원할 수 있다. 그 과정은 다음의 사례와 같다.

 사례

> 교사: 두 사람이 싸웠군요. 무엇 때문인지 학생이 먼저 말해 보세요.
>
> C 학생: D가 항상 짜증나게 해요.
>
> 교사: 화가 많이 났네요. D 학생이 무슨 말을 했길래 그렇게 화가

났는지 자세히 말해 보세요.

C 학생: 예, 제가 운동장에서 E와 이야기하고 있는데 D가 저의 등 뒤로 공을 던졌어요. 너무 아팠어요.

교사: 그러니까, D 학생이 공으로 때려 너무 아팠다는 것이지요? 그러면 학생들이 다시 사이좋게 지내려면 D 학생이 어떻게 하길 바라나요?

C 학생: 저는 D가 사과하길 바랍니다.

교사: 그럼 D에게 직접 말해 보세요.

C 학생: 네. D야, 네가 내 등에 공을 던졌잖아. 너무 아파서 정말 화가 났어. 네가 사과하길 바라.

교사는 이후 절차를 진행한다.

3) 또래조정

학생 간 갈등에 대해 학생들이 해결책을 찾고자 할 경우, 학생에 의한 조정으로 갈등을 해결할 수 있다. 이를 위해서는 학생들이 조정교육을 이수해야 하며 시간도 있어야 한다. 또한 학교는 또래조정을 학습프로그램으로 지원해야 한다.

또래조정은 학교에서 예방책으로 실시할 수 있다. 또래조정교육은 조정전문교육을 이수한 담당교사가 한다. 또래조정교육을 원하는 학생은 소정의 선발 과정을 거쳐야 한다. 교육 과정에서 학생들은 조정의 과정 및 절차, 적극적 경청, 나–전달법, 비폭력대화, 대화 진행 등 조정의 주요 기법들을 학습한다. 학생들은 주의 사항과 장애 요소들을 배우며 역할극을 통해 조정을 훈습한다.

교육은 학생들이 조정자 역할에 익숙해지기 위해 최소 2일간 실시한다. 교육 후 담당교사는 정기적으로 코칭이나 실질적인 도움을 지원한다.

또래조정은 교육받은 학생들이 조정자로 받아들여질 가능성이 더 높고 해결책도 더 쉽게 강구할 수 있다는 장점을 갖는다. 훈련받은 학생들은 개인적·사회적 역량이 향상되고 교사들은 부담을 덜게 된다.

그러나 또래조정은 모든 갈등에 적용되지 않는다. 또래조정은 갈등이 심화되지 않거나 갈등당사자들 사이에 힘의 불균형이 없고 조정을 기꺼이 원할 때만 가능하다. 집단괴롭힘이 의심되거나 심각한 갈등에서 또래조정은 적절치 못한 방법이다. 학생들은 조정 능력의 부족으로 좌절하기도 한다. 이런 경우에는 집단괴롭힘에 적합한 개입, 성인 조정자에 의한 조정 등 다른 대책을 세워야 한다.

힌트 🔍

또래조정 도입은 교사, 학교운영위원회 등이 결정한다. 많은 학교가 교사들의 지지 없이 또래조정을 도입한다. 이런 경우, 또래조정에 대한 수요가 점차 감소하고 훈련받은 학생들은 지루해하며 더 이상 이것이 가치가 없다고 느낀다. 또래조정의 효과는 교사들이 다투는 학생들에게 또래조정으로 패자 없이 갈등을 해결할 수 있다고 추천하고 학생들도 또래조정이 타당하다고 여겨야 커진다.

학생들은 스스로 또는 교사의 권유로 또래조정자를 찾는다. 하지만 조정이 성공하려면 갈등의 양 당사자가 자율적으로 또래조정을 요청해야 한다. 또래조정은 일반적으로 특정 회의실이나 정해진 시간에만 사용할 수 있는 공간에서 이루어진다. 또래조정은 다음과 같은 절차로 진행된다.

(1) 준비

또래조정자는 인사를 하고 목표, 즉 갈등의 양 당사자에게 만족스러운 해결책을 강구하고, 이에 대한 합의안을 작성한다는 것을 밝히며 비밀유지와 제편성을 지킨다. 그리고 조정 절차를 설명하고 주요 규칙에 대한 동의를 구한다. 이어서 대화 순서를 정한다.

(2) 사실 확인과 갈등 파악

각 갈등당사자는 자신의 관점에서 갈등을 기술한다. 조정자는 예를 들어, "무슨 일이 벌어졌는가?" "어떠했는가?" "어떻게 느꼈는가?" "갈등이 무엇인가?" 등의 질문을 한다. 이어서 조정자는 갈등당사자들이 상대방의 관점에서 갈등을 보도록 독려한다. "학생이 ⋯⋯라면, 그 상황을 어떻게 평가할 것인가?/그 상황에서 어떻게 느끼겠는가?"

조정자는 갈등당사자들이 한 말을 요약한다. 그리고 갈등당사자들이 이해받고 수용받는 느낌이 들도록 적극적 경청 기술(p. 48 참조)을 활용한다. 이 경우, 내용만을 요약하는 것이 아니라 그 이면에 감정을 확인하는 것이 중요하다. 그 이유는 감정이 밝혀져야 다음 단계로 갈 수 있기 때문이다.

(3) 해결방안 모색과 상호 이해

갈등 이면에 욕구와 감정이 확인되면 조정자는 해결방안을 찾도록 한다.

핵심 질문은 "학생은 상대방에게 원하는 것이 무엇인가요?" "학생이 할 수 있는 것은 무엇인가요?"이다. 이때 갈등의 양 당사자는 이 질문에 대한 답을 종이에 적는다. 답한 내용을 발표하고, 이어서 해결방안이 현실적인지, 공정한지, 충분한지를 평가한다. 제안한 해결방안 중에서 갈등의 양 당사자가 수용할 수 있는 최종 해결책을 도출한다. 조정자는 갈등 양 당사자가 해결방안을 협상하여 최종 해결책을 도출하도록 지원한다.

(4) 합의안 서면 작성

끝으로 해결책을 가능한 한 구체적인 합의안(누가 무엇을 누구와 언제까지 할 것인가?)으로 서면 작성하여 갈등의 양 당사자가 서명한다(p. 284 부록의 '4. 조정 합의문' 참조). 일반적으로 합의안 이행을 검토하기 위한 추수 만남을 정한다. 합의안은 조정자가 보관할 뿐 아니라 갈등의 양 당사자에게도 전달한다. 마지막으로, 조정자는 갈등의 양 당사자와 작별인사를 한다.

4) 학급회의

학생들이 갈등을 해결할 수 있는 또 다른 방법은 학급회의이다 (Blum & Blum, 2012). 학급회의는 정기적이고 구조화된 회의 방법으로서, 학생들과 담임교사가 함께 교실의 구체적인 사안들을 다루어 가능한 한 합의에 의한 해결방안을 모색한다. 학급회의는 학생들이 신뢰할 수 있도록 매주 또는 격주로 개최한다. 학생과 교사는 수업 시간과는 달리 원형으로 앉아서 정해진 절차에 따라 주요 사안에 대해 논의한다. 학급회의는 교사와 심화교육을 받은 학생이 진행할 수 있다. 갈등에 대한 논의뿐 아니라 소풍, 프로젝트 등 학급에 관련된 사안들을 발표하고 논의한다.

학급회의의 절차는 학생들과 사전에 논의하여 학생들이 모두 알고 과정을 확인할 수 있도록 한다. 회의 절차는 모든 학생이 볼 수 있도록 교실 내 적당한 곳에 붙여 놓는다(p. 287 부록의 '6. 학급회의 절차' 참조).

(1) 인사와 환담

회의 진행자는 참석자들에게 인사를 하고 회의 규칙을 설명하며 임무를 분배한다(회의록 작성, 발언 순서 관리, 시간 확인, 규칙 확인). 이어서 진행자는 긍정적 발언으로 시작한다. 참석한 학생들도 학급생활에서 성취한 것, 긍정적 경험, 즐거움 등에 대해 한 문장으

로 발표한다. 이를 위해 진행자가 참석자들에게 발언 방법을 정해
주면 학생들에게 많은 도움이 된다(예: "우리 반에서 나는 ……이 좋
다" "이번 주 교실에서 나는 ……을 잘했다." "나는 오늘 학교에서 ……해
서 즐거웠다.").

긍정적 발언은 참석자들이 일상적 학교생활에서 눈여겨보지 않
은 성과와 긍정적인 것에 눈을 돌리기 때문에 중요하다. 동시에 교
실 분위기가 긍정적으로 되어 문제와 어려움도 생산적으로 논의할
수 있다.

(2) 지난 회의 후 변화 사항

회의 기록자가 지난 회의에서의 결의 사항을 발표한다. 이에 대
해 참석자들은 간략히 피드백한다. 임무(예: 소풍을 위한 박물관 개
장 시간 문의)를 맡은 학생은 그 결과를 발표한다. 갈등해결책에 합
의했다면, 갈등당사자들에게 해결책의 이행 여부를 확인한다. 이
행하지 않았다면 오늘 회의의 의제로 상정한다.

이 단계는 중요하므로 생략해서는 안 되는데, 그 이유는 이를 생
략하면 학생들은 추후에 관심을 갖지 않기 때문에 어떤 해결책이든
동의하고 어떤 임무이든 쉽게 떠맡을 수 있다고 학습하기 때문이다.

(3) 회의 안건

이 단계에서는 의제 설정이 관건이다. 참석자들은 회의 안건을
제시한다. 진행자는 제시된 안건에 대한 관련자들의 동의 여부를
확인한다(자율성 원칙: 동의하지 않으면, 학급회의에서도 거부권을 적

용한다. 교사는 이 안건을 처리할 다른 방법을 모색해야 한다.).

이어서 안건에 대한 발언 순서를 정한다.

(4) 안건에 대한 발언

안건을 제시한 참석자는 사안을 구체적으로 기술한다. 필요한 경우에 관련자들이 의견을 밝힌다. 여기서 중요한 점은 각자 자신과 자신의 생각을 알리는 것이다. 책임전가가 아니라 사안에 대한 의견을 이해하는 것이 관건이다.

(5) 해결방안 모색

사안과 소망, 욕구 또는 목표가 파악되면 학생들은 브레인스토밍을 통해 해결방안을 모색한다. 일단 많은 방안을 발상하는 것이 목표이다. 참석자들은 다음 단계에서 이 방안들에서 최종적인 해결책을 선정한다. 갈등 사안인 경우에는 적합한 해결책을 정한다. 합급 전체에 대한 사안(예: 소풍)도 표결할 수 있다.

(6) 회의 결과 기록

마지막으로, 참석자들이 동의한 해결 절차를 기록한다. 학생들이 어릴수록 해결 절차는 누가, 무엇을, 언제까지 할 것인지 가능한 한 구체적이고 단계적이어야 한다. 예를 들어, "우리는 다시 사이좋게 지낸다."가 아니라 "A 학생은 휴식 시간에 B 학생과 축구를 한다. C 학생과 D 학생도 함께한다."라고 표현해야 한다.

학생들은 스스로 해결할 수 없는 갈등이 있으면 학급회의의 안건으로 제안하여 반 학생들의 도움으로 실행 가능한 해결책을 찾을 수 있다. 또래조정과 마찬가지로 학급회의에서도 조정자가 갈등해결 과정을 진행할 수 있다. 대부분의 경우에 교사 또는 조정자 교육을 받은 학생이 진행한다.

학급회의를 통한 갈등해결의 장점은 해결방안 모색을 위해 학급 학생들을 자원으로 활용할 수 있다는 것이다. 즉, 갈등의 양 당사자보다 학급 학생들이 더 많은 해결방안을 모색할 수 있다. 학급 학생들은 서로 잘 알기 때문에 집단역동이 작용할 수 있다. 한 갈등당사자 또는 양 당사자가 합의안의 준수를 위한 지원이 필요하면, 예를 들어 학급에서 합의 사항을 기억하는 지원자를 찾을 수 있다. 합의안은 갈등의 양 당사자가 학급 학생들 앞에서 협정하였기 때문에 구속력을 지니고 있다. 게다가 지난 회의에서의 모든 결의 사항은 다음 회의에서 이행 여부가 검토되기 때문에 합의안 검토가 간단하다.

더욱이 학급회의는 개인적·사회적 역량 강화에 기여한다. 갈등에 대해 대화하는 갈등당사자들이나 조정자뿐만 아니라 '청중'도 패자 없이 갈등을 해결하는 방법에 대해 많은 것을 학습하게 된다. 아울러 갈등당사자들은 학급 학생들을 지원 세력으로 경험하여 학급공동체가 강화되고 학습 및 교실 분위기에도 영향을 미친다.

학급회의는 폭력 및 집단괴롭힘에 대한 예방책이기도 하다. 학급회의에서 갈등이 비폭력적으로 해결됨으로써 학생들은 비폭력적 갈등해결이 어떻게 기능하는지를 학습한다. 동시에 학생들은 가해자가 아니라 해결방안을 찾는 데 주의를 기울인다. 이로써 학생들이 말하지 않았거나 나중에 언급하려 한 사안들에 대해서도 말할 수 있는 대화 분위기가 형성된다. 교사는 학급회의를 통해 종종 집단괴롭힘이 시작되어 적절한 시기에 통제되는 과정을 조기에 확인할 수 있다. 따라서 학급회의는 집단괴롭힘 과정에 대한 지진계와 같다.

하지만 학급회의가 교실에서 일어나는 모든 어려움과 갈등을 해결해 주는 만병통치약은 아니다. 학급회의도 한계가 있다. 따라서 다음과 같은 사안들은 학급회의에서 다루는 것이 적절하지 않다.

- **익명의 제보**: 학급회의는 학생들은 자신들의 문제에 대해 스스로 책임진다는 원칙하에 운영되므로, 익명의 제보는 학급회의에서 논의되지 않는다.
- **범죄행위**: 학급회의는 재판이 아니다. 학급회의에서는 누가 무엇을 했는지 알기 위해 '심문'하지 않는다. 목격자에 대해 묻지 않으며 판결을 내리지도 않는다. 범죄행위가 밝혀지면, 관련 기관에서 범인을 확인하여 처벌해야 한다. 학급회의는 이런 권한이 없다. 교실에서 범행이 발생하면 학생들은 학급회의에서 범행이 어떤 역동에서 발생했는지(예: "우리 모두가 A 학생을 화나게 하자, A 학생이 자제력을 잃고 B 학생을 때렸으며, 이로 인해 B 학생 머리에 큰 열상이 있었다."), 그리고 어떤 대안이 있을 수 있었는지(예: "A 학생은 폭력 없이 자신을 보호하기 위해 무엇을 할 수 있었는가?" "A 학생이 점차 화를 내는 것을 알았다면 학생들은 무엇을 다르게 할 수 있었는가?")를 논의할 수 있다.

• **집단괴롭힘**: 확인되었거나 추측되는 집단괴롭힘은 학급회의에
서 논의하지 말아야 한다. 관련 학생에게는 학급회의가 재판
소가 되기 때문이다. 집단괴롭힘은 조정으로 해결될 수 없으
며, 전문적인 개입이 이루어져야 한다.

〈해결 및 과정 중심〉

학급회의는 긍정적 영향을 미칠 수 있으려면 무조건 해결 및 자원 중심
으로 운영되어야 한다. 그 원칙은 다음과 같다. 우리는 범인이 아니라 해결
책을 찾는다. 앞을 바라보고 학생들이 함께 생각하는 것이 중요하다. "우리
가 어떻게 하면 이 문제가 다시 발생하지 않을 것인가? 갈등 후에도 당사자
들이 우리와 함께 다시 공부하려면 우리 모두는 어떻게 도울 것인가?" 해결
중심은 즉시 해결책이 있어야 하는 것이 아니라 우리 모두가 앞을 내다본다
는 것을 의미한다. 해결책을 찾는 과정에서도 학습할 수 있는 기회가 많다.
이를 위해서는 교사의 인내력과 학생 능력에 대한 신뢰가 필요하다. 하지만
학급회의는 재판이 아니라는 점을 명심해야 한다. 학급회의에서는 누가 시
작했는지 확인할 수 없고 처벌하거나 처벌에 대해 표결하지 않는다. 학생들
이 어떻게 좋아질 수 있으며, 어떻게 서로 도울지에 대해 숙고한다. 이를 위
해서는 교사와 학교장이 생각을 바꾸어야 하고 지금까지 알려지지 않은 역
할을 수행해야 한다. 따라서 교사는 먼저 자신의 태도를 인식하고 자신의
역할을 명확히 해야 한다.

힌트

학급회의는 단지 몇 학급에서만 운영될 것이 아니라 모든 교사가 운영하여 '학교 프로필'로 자리 잡아야 그 효과가 지속된다. 학급회의가 활성화될 뿐만 아니라 감사하고 존중하는 태도로 지속되면 학교 분위기와 학부모 및 동료교사들과의 협력에도 긍정적인 영향을 미칠 것이다.

제 3 장

학생-학생 갈등: 수업 방해

1. 갈등 유형 인식

수업 시간에 발생하는 갈등은 교사에게 특별한 도전적 과제이
다. 이런 갈등은 반드시 해결되어야 하며, 제2장에서 다룬 두 학생
사이에 갈등과 같다.

[그림 3-1] 학생 간 갈등

하지만 이런 갈등은 학교의 임무인 수업 시간에 발생한다는 점
에서 다르다. 갈등으로 인해 수업이 진행되지 않고, 교사와 동료학
생들은 방해를 받는다.

[그림 3-2] 학생 간 갈등으로 인한 수업 방해

- A 학생이 신고한다. "B 학생이 제 책을 가져가서 주지 않아요. 선생님 도와주세요."
- C 학생이 "D 학생이 제 앞에서 엄마 욕을 했어요."라고 소리친 다. D 학생은 "거짓말 마! 너는 항상 거짓말이야!"라고 말한다.
- 수업이 정상적으로 진행되고 있다. 갑자기 교실 뒤쪽이 소란스 럽다. 교사가 무슨 일이냐고 묻자, E 학생과 F 학생이 서로 상대 방이 방해했다고 비난한다.

1) 갈등신호

수업 중에 볼 수 있는 이런 갈등은 다음과 같이 수업을 방해한다 는 특징이 있다.

- 한 학생이 교사에게 자신의 편에 서서 갈등을 해결해 달라고 상대 학생을 '고발'한다.
- 한 학생이 상대 학생이 잘못했다고 소리 지르자, 상대 학생도 잘못한 게 없다며 맞선다.

- 교실이 시끄러워서 교사가 두 학생에게 이유를 묻자 서로 비난한다.

　이런 갈등을 종종 '수업 방해'라고 한다. 하지만 이것이 '방해'인지는 전적으로 보는 사람에 달려 있다.

　이런 '수업 중단'은 ADHD, 심리적 부담감 또는 자폐증 등 학생의 개인적 특성으로 인한 '수업 방해'와 구분되어야 한다. 하지만 교실에서 한 학생으로 인해 수업 중단이 빈번하다면, 갈등 이외에 그 학생의 행동에 대한 전문적 진단이 필요하다.

2) 경보신호

　학생들의 욕구, 소망, 가치가 다양하므로 수업 중에 갈등은 매우 정상적인 현상이다. 따라서 교사도 이런 갈등에 대해 침착하게 대처할 수 있다. 하지만 교사는 교실에서 다음과 같은 행동을 주시해야 한다.

- 한 학생이 수업 중에 빈번이 다른 학생 또는 여러 학생으로부터 혐의나 비난을 받는다.
- 한 학생이 수업 중에 상대 학생과의 갈등을 말하면 반 전체가 즉시 개입한다.
- 갈등조정 개시 또는 과정에서 서로 비난하며 편 짜기나 집단괴롭힘 현상이 일어난다.

이러한 경보신호가 울리면 교실에서 집단괴롭힘이 시작 또는 진행된다고 할 수 있다. 이에 대한 전략은 제4장에서 다룰 것이다. 이런 상황에서는 먼저 면밀한 관찰과 평가가 중요하다. 그리고 집단괴롭힘에 대한 진단과 개입을 위해 도움을 요청하는 것을 두려워해서는 안 된다.

2. 교사의 역할과 자세

수업 중에 다툼이 발생하면, 즉 갈등을 둘러싼 특별한 상황이 발생하면 교사는 특별한 조치를 취해야 한다. 교사는 몇 초 안에 갈등을 어떻게 다룰지를 결정할 수 있고 또 결정해야 한다.

- 교사는 이 갈등을 두 학생이 긴장을 풀고 다시 수업에 참여할 수 있도록 해결해야 할 것으로 해석한다(방해가 우선이다).
- 교사는 이 갈등을 이 시점에서 수업을 방해한 것으로 해석한다(수업이 우선이다).

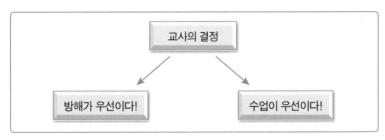

[그림 3-3] 교사의 결정

2. 교사의 역할과 자세

교사가 어떤 결정을 하는가에 따라 대처 방법과 역할이 정해진다. 결정은 일반적으로 무의식적으로 또는 자동적으로 이루어진다. 어렵거나 불만족스러운 상황에서는 자신의 의사결정 과정과 이와 연관된 자세와 견해를 보다 상세히 살펴보아야 한다.

수업 중에 갈등 또는 중단 상황이 벌어지면, 교사는 즉시 많은 생각을 해야 하며 다음과 같이 행동해야 한다.

- 한 학생 또는 학생들이 말하고 행동하는 것을 감지한다.
- 그 행동이 어떤 감정을 야기했는지 감지한다.
- 그 행동이 자신을 얼마나 방해하는지 평가한다.
- 그 행동이 다른 학생들을 얼마나 방해할지 추측한다.

이어서 교사는 그 행동을 자신의 가치체계에 따라 평가한다. '이 행동이 이 지점 또는 상황에서 적절한가? 이 행동이 다른 학생들에게 적절한가?'

또한 항상 한 개인으로서 교사 자신과 관련된 사항들도 있다. '이 학생은 그 행동으로 나를 화나게 하려는가? 이 학생은 관심받고 싶은가? 이 학생은 나에게 피해를 입히려 하는가? 이 학생은 나에게 힘 자랑을 하려 하는가?'

교사가 어떤 해석을 하느냐는 자신의 갈등과 개인 및 교사로서의 자아상과 관련이 있다. 이러한 질문과 상황 판단에 대한 답은 사람마다 다르지만, 때때로 이런 사고 시나리오를 의식적으로 구상하고 그 배경에 대해 묻는 것이 중요하다.

수업 중에 발생한 갈등에 대해 결정하기 위해서는 다음과 같은 사항들이 고려되어야 한다.

- '방해가 우선이다'는 교사로서 방해받지 않는 수업을 하려는 욕구보다는 충분한 시간이 있고 갈등조정을 할 수 있을 때 선택할 수 있는 방안이다. 이 방안을 선택했다면, 갈등당사자 간 갈등을 조정하고 원만한 갈등조정을 위해 제2장에서 설명한 사항들을 고려한다. 또한 갈등조정은 학급 학생들 앞에서 진행된다는 점을 인지하는 것이 중요하다. 교사는 조정자로서 제편적 자세를 취한다.
- '수업이 우선이다'는, 예를 들어 많은 시간과 에너지를 들여 준비했고 '방해보다 수업이 더 중요하다'는 가치가 중요하기 때문에, 또는 방해받지 않는 수업을 하려는 욕구보다 더 중요하다고 판단되는 경우에 선택할 수 있는 방안이다. 이 방안은 방해를 없앴지만 갈등조정에 실패하고 정상 수업이 필요할 때도 가능하다. 또한 이 방안은 학생들을 잘 알고 있고, 이미 갈등조정은 나중에 할 수 있다고 가정할 때도 가능하다. 교사는 관리자가 되어 명확하고 존중하는 태도를 취한다.

관건은 방안을 옳고 그름으로 평가하는 게 아니라 선택에 도움을 주고 가능한 한 함정을 피하는 것과 선택에 따른 행동전략을 제시하는 것이다. 교사의 태도는 자신의 상황에 적합한 선택에 달려 있다. 교사는 상황에 따라 변할 수 있고 또 변해야 한다.

1) 함정

(1) 선택하지 못한다

행동전략의 실행에 있어 가장 중요한 것은 우선 어떤 식으로든 선택하는 것이다. 한 번 선택한 길은 계속 가야 한다. 교사가 갈등을 조정하다가 갑자기 중단하고 수업을 하겠다고 하면 학생들은 이해하기 어렵다. 학생들은 어떤 길을 가든 따를 수 있지만, 교사가 그 길을 지키지 않으면 불안해한다. 동시에 학생들은 교사가 무엇을 할지 잘 모른다고 믿는다. 이런 상황에서 학생들은 수업이 지연되거나 교실에서 또는 교사와 새로운 갈등이 발생할 수 있다고 해석한다.

〈대처 방법〉

자신을 성찰하고 신체적 징후에 주의한다. 신체는 내가 조정자로서의 자세를 취하는지 또는 나와 학생들의 수업 욕구를 충족시키는 것이 더 중요한지를 조기에 알려 준다. 방향을 정하기에 앞서 잠시 심호흡을 하고 결정하는 것이 좋다.

(2) 시간적 압박감

우왕좌왕하고 결정하지 못하면 시간적 압박감을 느낀다. 교사는 갈등조정의 시작부터 종료까지 진행하고 싶을 것이다. 하지만 5분 후면 수업 종료 종이 울리고 교사는 숙제를 설명해야 한다.

〈대처 방법〉

• 연기: 시간이 부족하면 갈등조정을 연기할 수 있다(예: "여러분은 이 문제를 휴식 시간이나 수업 종료 후에 해결하는 데 동의하나요?"). 즉각적인 조치가 필요하지 않은 경우에는 갈등을 학급회의에 회부할 수 있다.

• 갈등조정을 중단하고 방과 후에 다시 진행한다. 또한 학생들이 다음 과정을 이해할 수 있도록 어떤 결정이 이루어졌는지, 그 이유는 무엇인지를 알린다(예: "한 시간에 갈등조정을 마칠 수 없을 것 같습니다. 그래서 먼저 숙제에 대해 설명하고, 이어서 방과 후에 갈등조정을 속행하려 합니다.").

3. 유용한 전략

어떤 방안을 선택하는지에 따라 다음과 같이 구체적인 행동을 할 수 있다.

• '방해가 우선이다'를 결정했으면 갈등조정으로 갈등을 해결한다. 이를 위한 유용한 전략은 제2장에서 확인할 수 있다.

• '수업이 우선이다'를 결정했으면 교사는 수업 중단을 규칙 위반으로 처리한다. 처리가 효과적으로 이루어지기 위해서는 몇 가지 기본 사항이 규칙으로 설정되고 실행되어 한다. 그래야

만 일관되게 규칙을 적용할 수 있다. 이로써 규칙을 준수하는
것이 좋음을 학생들에게 보여 줄 수도 있다.

교사의 결정과 그에 따른 전략은 [그림 3-4]와 같다.

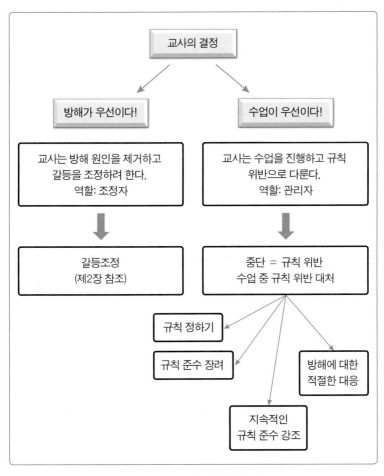

[그림 3-4]　교사의 결정과 전략

1) 규칙 정하기: 유용한 규칙 제정 원칙

학년 초에 교실 규칙을 정하는 것은 일반적인 절차이다. 규칙은 수업(대화 및 수업규칙)과 관계에 적용된다. 많은 학교에서 학생들과 함께 수업 규칙을 정하는 것은 일반적인 관행이 되었다. 이런 관행은 학생들이 자신들의 규칙을 체험하고 준수할 가능성이 높다는 점에서 의미가 크다. 하지만 규칙 준수는 저절로 이루어지지 않는다. 따라서 규칙 준수를 권유하는 것은 교사의 몫이다. 학생들이 지킬 규칙 제정을 위한 몇 가지 원칙이 있다(p. 289 부록의 '7. 규칙 제정 및 시행 원칙' 참조). 이 원칙은 학생들에게 서면으로 배부하거나 직접 설명할 수 있다.

- '우리' 또는 '사람' 전달법 대신에 나-전달법을 쓴다. (예: "우리는 우리 차례일 때만 이야기한다." 대신에 "나는 내 차례일 때만 이야기한다.") '나'로 시작하는 표현으로 최고의 요청을 할 수 있다. '우리' 또는 '사람' 전달법은 '책임'의 규칙을 강조한다('우리' 또는 '사람'은 대개 상대방을 지칭한다). 아직 규칙 준수에 자신이 없는 학생들은 나-전달법으로 더 수월하게 스스로 자신에게 규범 준수를 요청할 수 있다.
- 주관적으로 느낄 수 있는 형용사('친절한' '우호적' '솔직한' 등) 대신에 관찰할 수 있는 행동을 사용한다. (예: "나는 반 친구들에게 친절하다." 대신에 "나는 말한다, 생각한다, 요청한다.") 향후 규칙 준수 여부를 명확히 확인하기 위해 규칙은 관찰할 수 있는 행

동들을 기술한다. "나는 친절하다."는 다양한 행동을 의미하기 때문에 각자 다르게 이해할 수 있다. (예: "안녕하세요." "잘 지냈어?" '악수' 중 나에게 친절한 인사는 무엇인가?) 이로써 규칙 준수 여부에 대한 논의가 장려된다.

- 단문으로 표현한다. (예: "숙제를 받을 때마다, 나는 즉시 오후에 하며 숙제를 잊지 않고 가방에 넣는다." 대신에 "나는 숙제를 하고 가방에 넣는다.") 규칙은 가능한 짧아야 한다. 규칙이 많은 내용을 담으면 다루기 힘들다. 경험상 좋은 규칙은 접속 부사 "그리고"만을 포함해야 한다.

- 부정적 표현보다는 원하는 행동을 긍정적으로 기술한다. (예: "나는 교실에서 말하지 않는다." 대신에 "나는 할 말이 있으면 연락한다.") 우리의 뇌는 표현하는 즉시 이미지를 만든다. 부정적 표현에 따른 이미지는 원치 않는 행동에 초점을 맞추는 반면, 행동에 대한 긍정적 표현은 원하는 행동이 뇌리에 비치도록 한다. 긍정적 표현은 어떤 행동이 바람직한지, 그리고 규칙을 지키면 무엇을 관찰할 수 있는지에 대해 의견을 나누고 이해할 수 있는 좋은 연습이 된다.

- 규칙을 시각화한다. 책자에만 있는 규칙은 학생들이 보지 못한다. 따라서 규칙은 모든 학생이 어디서나 읽을 수 있도록 게시판에 붙여 놓아야 한다.

- 규칙의 수는 관리 가능한 정도여야 한다. 교실에는 많은 규칙이 있지만 지켜지지 않는 경우가 많다. 따라서 가장 중요한 규칙만을 정해서 학생들이 이를 준수하는지 살펴보아야 한다. 준

수하지 않는 규칙은 규칙이 아니다. 관리 가능한 규칙의 수는 3~5개 정도로, 준수 여부를 주기적으로 확인해야 한다.

힌트 🔍

학생들과 교사가 개별 규칙에 대해 중요도에 따라 점수를 부여하고, 중요한 3~5개 규칙을 잘 보이는 곳에 게시하여 나머지 규칙들은 액자에 넣어 걸어 놓는다.

---

2) 규칙 준수를 위한 동기부여

규칙은 저절로 지켜지지 않는다. 규칙은 학생들과 함께 정했다고 해서 자동으로 지켜지는 것이 아니다. 일반적인 교실에서는 통찰력과 내재적 동기를 통해 규칙을 따르는 학생들이 있지만, 긍정적 피드백을 통한 규칙 준수의 동기 유발이 필요한 학생들도 있다. 긍정적 피드백은 다음과 같다.

- 규칙 준수를 인지하고 말로 표현한다(예: "선생님은 A, B, C 학생이 모든 수업 시간에 규칙을 지키는 것을 보았습니다.").
- 칭찬한다(예: "학생은 오늘 '내 차례일 때만 말한다'는 규칙을 모든 수업 시간에 지켰습니다. 정말 대단하네요!").
- 특전을 베푼다(예: "여러분 모두가 '모둠 활동은 조용히 한다'는 규칙을 3주간 지켰으므로 짝과 하는 과제는 야외에서 해도 좋습니다.").
- 보상을 한다(예: "여러분 모두가 가장 중요한 규칙을 지켰으므로

모두에게 '참 잘했어요' 스티커를 주겠습니다.").

(1) 규칙 준수 인지와 표현

모든 교실에서는 학생이 규칙을 준수하면 일과처럼 즉시 인지하고 칭찬해야 한다. 학생들은 때로는 불편해 보이지만, 자신의 긍정적 행동을 알아 주고 높이 평가하는 것에 기뻐한다. 안타깝게도 모든 사람은 대개 '힘든' 행동에만 너무 집중해서 규칙을 항상 또는 대개 준수하는 사람을 보지 못한다.

따라서 인지한다는 것은 교실에서 '눈에 잘 띄지 않게' 규칙을 지키며 수업을 돕는 학생들을 위해 보는 눈을 날카롭게 하는 것을 의미한다. 하지만 처음에는 규칙을 지키지 않아 눈에 띄는 학생들에게만 관심이 쏠리기 때문에 인지하는 게 쉽지 않다. 이는 교사로서 규칙 준수를 인지하는 연습을 해야 함을 의미한다.

> **힌트**
>
> 교사는 수업 시간마다 3~4명의 학생에게 집중해서 수업 중에 규칙을 준수하는지 주의 깊게 관찰한다. 수업이 끝나면 규칙을 전부 또는 대부분을 준수한 학생들에게 긍정적 피드백을 한다. 처음이기 때문에 모든 규칙을 지키는 것이 어렵다면 준수할 규칙을 한두 개로 정하여 시작한다.

학생들에게 구두로 하는 피드백은 행동에 대해 평가하지 않거나 (예: "선생님은 학생이 이 시간에 '내 차례일 때만 말한다'는 규칙을 지키는 것을 보았습니다.") 나-전달법으로 전달하는 것이다. 먼저 가치

중립적으로 관찰한 행동(예: "학생은 말하고 싶을 때 신청을 했고, 자기 차례가 되어서 발표를 했습니다.")과 이어서 그 규칙을 준수하는 행동이 관찰하는 사람에게 유발한 긍정적 감정(예: "그로 인해 선생님은 즐겁습니다.")을 기술한다. 이런 피드백을 반 전체 학생 앞에서 할 것인지, 또는 수업 후 개별적으로 할 것인지는 교사로서 가장 편안하게 느끼는 상황에 따라 다르다.

(2) 표적 칭찬

표적 칭찬은 학생의 행동에 대해 옳거나 좋다는 평가(예: "학생은 교실규칙을 지켰어요. 잘했습니다.")이므로 피드백과 구분된다. 우리 학교문화에서는 모두 평가에 익숙하기 때문에 일반적으로 칭찬을 좋아한다.

> **힌트**
>
> 교사는 한 명 또는 다수의 학생을 칭찬하되, 나머지 학생들을 비하하지 않도록 주의해야 한다. 예를 들어, "A, B, C 학생만 오늘도 규칙을 지켰습니다. 이 세 학생만 해낸 겁니다!"라고 하지 않는다.

평가는 다른 학생들이 그 평가 사실을 공유하지 못한 채 그 평가에 대해 논의하는 경우 위험하다. 이런 위험은 나-전달법에서는 일어나지 않는다. 나-전달법은 평가 없이 행동과 토론할 수 없는 자신의 감정을 표현하기 때문이다.

(3) 혜택과 보상

교실에 혜택 또는 보상 체계를 도입하려면 사전에 신중하게 생각하고 이를 위한 조건들을 투명하게 정의해야 한다. 혜택 또는 보상체계가 작동하려면, 교사는 먼저 이 체계를 개발해서 학생들에게 알리고 교사 자신도 이 체계에 따라 행동할 준비를 해야 한다. 많은 보상체계가 실패하는데, 그 이유는 보상체계를 실현하는 데 시간과 에너지가 필요하고 교사로서 자신도 지속적으로 이 체계를 고수할 것을 염두에 두지 않기 때문이다. 이를 위한 시간과 에너지를 감수하고 일관성을 유지하려면 다음을 고려해야 한다.

① 규칙

답해야 할 첫 번째 질문은 다음과 같다. "어떤 규칙을 준수하면 혜택이나 보상을 받는가?" 규칙에 맞는 행동은 교사가 관찰할 수 있어야 한다(pp.80-82 참조). 세 개 이상의 규칙을 주시하는 것은 교사에게 지나친 요구일 뿐 아니라 학생에게도 투명하지 않은 일반화의 문제를 야기할 수 있다. "오늘 잘 했습니다!"와 같은 말은 규칙을 준수하려는 학생들에게 자기효능감을 주지 않기 때문에 너무 일반적이다. 특히 규칙을 준수하기 어려운 학생들은 정확한 행동지침이 필요하다.

② 기간

교사는 규칙 준수 기간 그리고 혜택과 보상을 받을 수 있는 기간을 명확히 해야 한다.

경험 법칙

학생이 어리고 규칙 준수가 어려울수록 기간은 짧아진다. 따라서 예를 들어, 절반의 학생이 규칙을 지키는 데 어려움을 겪는 경우 처음에는 2주 정도가 적합하다. 목표는 방학을 피해서 관찰 기간을 정하는 것이다.

③ 개인적 또는 집단적 체계

아울러 근본적으로 결정해야 할 사안은 규칙을 준수하는 학생에게 혜택이나 보상을 개인적으로 할 것인지, 아니면 규칙 준수에 성공한 학급에 일괄적으로 제공해야 하는지이다. 집단적 보상체계가 조직적 노력이 덜 필요하고 처리하기 쉽기 때문에 선호된다. 하지만 개별 학생이 자신의 개별 행동에 대한 피드백을 받지 못한다는 점에서 반대한다. 또한 규칙을 지키는 학생들은 지키지 않는 일부 학생들로 인해 혜택을 못 받기 때문에 좌절감을 느끼고 학급 전체가 혜택을 보지 못한다. 교사는 대개 규칙을 준수하는 학생들에게 이런 '일탈자들'이 분별 있게 행동하도기를 바란다. 이런 바람은 실제로 사회적으로 잘 작동하는 교실에서 실현된다. 하지만 집단체계는 아웃사이더 역동을 조장하기도 한다.

힌트

집단적 보상체계는 학생들의 관계가 조화로운 교실에만 적용할 수 있으며, 어렵고 분위기가 나쁜 교실에는 적용할 수 없다.

개인적 혜택 및 보상체계는 교사가 규칙 준수를 일일이 기록해야 하기 때문에 조직적인 노력이 더 많이 든다. 그러나 혜택이나 보상을 받을지의 여부에 대한 책임은 학생에게만 있기 때문에 개별 학생에게 정확한 목표가 있는 피드백을 하고 규칙을 준수하려는 개인적 의욕을 높인다. 보상이나 혜택에 대한 기대만으로도 규칙을 준수하려는 동기가 된다.

교사는 규칙 준수 관찰 기간이 끝날 때 어떤 혜택 및 보상을 줄 것인지 고려해야 한다. 혜택은 규칙 준수로 취할 수 있는 특별 권한일 수 있다. 보상은 숙제 면제, 규칙 위반을 용서하는 조커(Joker), 특별 그룹활동 참여 등이 될 수 있다. 혜택은 교실 내에서 개인적 혜택 및 보상체계와 연결될 수 있다. 반면에 보상은 집단적으로 제공될 수도 있다.

경험 규칙

혜택 및 보상은 학생들이 노력할 가치가 있다고 느끼며 교사들이 의미 있다고 여겨야 한다.

사례

숙제 면제는 일반적으로 학생들이 매우 좋아한다. 교사는 숙제 면제로 학생이 불이익을 당할 것을 걱정하여 거부할 가능성이 더 크다. 이 점에서 교사는 현재 가장 중요한 것이 무엇인지 재고해야 한다. 마지못해 받은 보상을 좋아하는 학생은 없다. 반면에 특히 추구할 가치가 있는 보상은 '있으면 좋은' 보상보다 더 동기부여가 된다. 숙제 면제에 대한 경험에 따르면, 두 가지 현상을 볼 수 있다. 첫째, 많은 학생이 숙제 면제에도 불구하고 숙제를 한다. 둘째, 규칙 준수와 관련하여 교실에서의 방해 행동 감소가 숙제를 하지 않아 발생하는 학습 불이익보다 훨씬 크다. 또 다른 인기 있는 보상은 특별활동에 참여하는 것이다. 수업이 끝날 때 규칙을 준수한 학생들에게는 게임 시간을 주고 나머지 학생들은 과제를 하게 한다. 물론, 이를 위해서 특별한 계획과 이런 보상에 대한 교사의 동의가 있어야 한다.

〈표 3-1〉 개인적 혜택과 보상을 위한 제안

혜택	보상
• 2인 또는 집단 작업을 위한 장소 선택 • 휴식 시간 놀이 선택 • 가장 먼저 휴식 취하기 • 먼저 하교하기 • 시원한 곳에서 쉬기 • 휴식 시간에 게임 선택	• 숙제 면제 • '잊은' 규정 준수에 대한 조커(Joker) • 게임 등 특별활동 참여 • '보물 상자'에서 무엇인가를 꺼내기 (예: 연필, 열쇠고리, 미니장난감 등 과 같은 작은 경품) • 과자 • '잊은' 준비물에 대한 조커 • 게임 시간에 참여 • 특별 실험수업에 참여 • 특별 소풍 또는 학습 과정 참여

조커와 숙제 면제를 제외한 모든 개인적 보상은 집단적 보상으로도 가능하다. 보상과 혜택에 관해서는 제한 없이 상상할 수 있다.

④ 기록

이제 교사는 기록 방식을 정해야 한다.

규칙 준수를 매일 또는 매주 기록해야 하는가? 매일 기록한다는 것은 규칙 준수 여부를 평가하고 기입할 시간을 염두에 두어야 함을 의미한다. 동시에 학생에게 정확히 직접 피드백을 한다. 물론 결정은 관찰할 규칙에 따라 조금씩 달라진다. '나는 숙제를 한다'는 규칙에 관해서는 매일 기록하는 것이 가장 간단하다. 하지만 '나는 다른 사람이 말할 때 경청한다'는 규칙을 관찰하는 데 더 많은 시간이 소요된다.

> **힌트** 🔍
>
> 교사는 시간이 얼마나 필요한지, 어떤 규칙이 중요한지를 미리 생각해야 한다. 예를 들어, 교사는 '나는 말하고, 감사하고, 부탁한다!'는 규칙을 휴식 시간이 아니라 수업 시간에만 관찰할 수 있다.

또 다른 질문은 규칙 준수를 공개적으로, 아니면 비공개적으로 기록할 것인가이다. 공개적 기록의 경우, 학생들은 현재 자신의 상태와 목표를 달성하는 데 필요한 점수를 쉽게 확인할 수 있다. 예를 들어, 학생들은 공개적으로 게시된 기록지에 점수를 받는다

(p. 291 부록의 '8. 규칙 준수 관찰지' 참조). 학생이든 교사이든 반 친구와 학생들이 규칙 준수 상황을 보는 것을 좋아하지 않는다. 또한 교사는 공개적으로 기록하기 전에 학교의 개인정보보호정책에 대해 문의해야 한다. 비공개적 기록, 즉 교사가 관리하는 목록은 교사가 항상 중간 상황을 주기적으로(예: 주말) 보고해야 함을 의미한다. 시간이 걸리지만 개인적 개선 사항을 확인할 수도 있다(예: "A 학생은 첫 주에는 이틀만 규칙을 지켰고, 이번 주에는 4일 규칙을 지켰다."). 기록 방법을 정하지 못하면, 이 질문에 대해 반 학생들과 논의한 다음 예를 들어서 학급회의를 통해 함께 결정할 수 있다.

〈표 3-2〉 규칙 준수를 위한 공개적 기록의 예

2022. 6. 13.~17. 관찰한 규칙: '나는 내 차례에만 말한다'

성명	월	화	수	목	금
학생 A	+	+	+	+	+
학생 B	+	+	+	+	+
학생 C	+	+	아프다	+	+
학생 D	+		+	+	
학생 E	+	+	+	+	
학생 F	+	+	+	+	+
학생 G		+	+	+	+
학생 H		+	+	+	+
학생 I	+	+	+	+	+
학생 J	+	+	+	+	+
학생 K	+	+	+	+	+
학생 L	+	+		아프다	+

⑤ 목표 설정

앞의 모든 질문에 답한 후, 혜택 및 보상을 받기 위해 어떤 목표를 달성해야 하는지를 결정해야 한다. 설정한 목표는 현실적이어야 한다. 즉, 원칙적으로 대다수의 학생이 성취할 수 있어야 한다. 2주 관찰 기간 동안 매일 기록한다. 한 학생이 평균적으로 달성하고자 하는 점수는 10점 만점에 8점이다. 목표는 달성하기 쉬운 것보다 약간 높을 때 가장 효과적이다. 현실적으로 목표가 너무 높으면 달성할 수 없다고 인식되어, 학생들은 그 목표에 도달할 노력조차 하지 않는다. 이는 높이뛰기와 유사하다. 훈련하지 않은 선수에게 1.8m를 목표로 하는 것은 도움이 되지 않는다. 그 목표로 인해 오히려 선수는 좌절하고 빨리 포기한다. 하지만 1.2m는 가능하며 처음부터 성취감을 느낄 수 있다. 이어서 목표를 점차 높일 수 있다.

일부 학생은 긍정적 피드백을 통한 격려뿐 아니라 규칙을 준수하지 않는 경우에 부정적 피드백이나 부정적 결과도 필요하다. 이와 관련하여 규칙 위반과 적절한 지적(예: "학생은 자기 차례가 아닌데 말하고 있어요.") 그리고 학생이 감수해야 하는 부정적 결과("학생은 숙제를 안 했으니 금요일까지 해 와야 됩니다.")를 인지하고 말로 표현하는 것이 중요하다. 부정적 결과로는 방과 후 남아서 공부하기, 추가 숙제, 봉사활동, 혜택 철회 등이 있다.

(4) 규칙 위반 인지와 표현

부정적 피드백은 긍정적 피드백과 마찬가지로 규칙을 준수하지 않는 행동을 인지하고 말로 전달하는 것이다. 규칙을 위반하는 행동은 쉽게 인지할 수 있다. 이런 행동은 교사가 방해로 느끼고 즉시 관심을 갖기 때문이다. 대부분의 경우에 분노, 불쾌감, 때로는 걱정이나 두려움과 같은 감정도 느낀다. 그러나 이로 인해 규칙 위반에 과도하게 반응하여 갈등이 심화될 위험이 커진다. 목표는 항상 갈등완화, 즉 감정을 진정시키는 것이어야 한다. 이것은 갈등을 완화하는, 즉 서술적 언어로 가능하다. 이에 반해 판단적 언어는 상황을 더 악화시킬 수 있다. 교사가 학생에게 "A 학생은 오늘도 당치 않은 행동을 하고 있어요."라고 말하면 평가적인 반면, 교사가 A 학생에게 "A 학생은 자기 차례가 아닌데 말하고 있어요."라고 말하면 교사는 무슨 일이 일어나고 있는지를 서술한 것이다. 종종 규칙 위반을 간단히 서술하는 것만으로도 학생은 자신이 무엇을 하고 있는지 알아차리고 규칙을 준수해야 한다는 것을 '기억'하게 된다. 이로써 충분하지 않으면 교사는 학생에게 규칙을 상기시켜야 한다. "A 학생, 학생은 자기 차례가 아닌데 말하고 있어요. 학생은 우리 반 규칙을 지키지 않았어요." 이렇게 말로 표현하면 학생은 자신의 행동에 대한 피드백을 통해 한 개인으로서 무시당하지 않고 감정을 추스를 수 있으며 규칙 위반도 명확히 알 수 있다.

힌트 🔍

　교사가 규칙 위반을 언급하고 싶을 때는 항상 할 수 있는 서술적이고 갈등을 완화시키는 문장을 작성해야 한다. 이로써 교사는 분노하여 학생을 개인적으로 공격하는 위험을 피할 수 있다.

3. 유용한 전략 **93**

(5) 부정적 결과

교사는 실제로 부정적 피드백만으로 충분하다며 대다수의 청소년을 과소평가하기도 한다. 하지만 모든 학생이 부정적 피드백을 받으면 규칙을 위반하지 않는다고는 할 수 없다. 부정적 피드백이 효과가 없는 학생에게는 부정적 결과가 필요하다. 교사도 규칙을 위반하면 어떤 부정적 결과가 따를 것일지 염두에 두어야 한다. 부정적 결과는 적절해야 하며(예: 숙제를 하지 않으면 방과 후 학교에 4시간 남아 있어야 한다는 것은 부적절하다), 가능하다면 규칙과 연관되어야 한다(예: 지각하면 휴식 시간에 복습을 한다). 또한 약간 고통스러워야 한다(예: 일부 학생의 경우, 방과 후 학교에 남는 것은 집에 아무도 없기 때문에 오히려 긍정적 결과에 더 가깝다). 그리고 부정적 결과가 오히려 교사에게 추가 부담이 되지 말아야 한다. 교사는 부정적 결과가 어느 정도 커질지를 명확히 해야 한다. 즉, 교사는 학생이 규칙을 계속 준수하지 않거나(예: 수업시간에 경고에도 떠드는 경우), 그로 인한 결과를 실행하지 않는 경우(예: 복습을 하지 않음)에 부정적 결과의 강도는 어느 정도인지도 염두에 두어야 한다. 또한 부정적 결과는 복수심으로 비롯되어서는 안 되며, 긍정적 결과와 마찬가지로 학생이 규칙을 무시할 경우 무엇을 해야 할지를 사전에 알려야 한다.

모든 교사가 자신과 자신의 수업을 가장 잘 알고 있고, 수업에 무엇이 적합한지, 어떤 결과에 가장 잘 대처할 수 있는지도 알고 있기 때문에 별도의 '부정적 결과 목록'은 필요 없지만, 여기서는 학교에서 자주 발생하는 구체적 사례 3개를 제시하고자 한다.

- 방과 후 학교에 남아서 공부한다는 예를 통해서 부정적 결과는 학생의 나이와 혁신적 방법으로 스스로 질서를 만들어 내는 자기 조직화 능력을 고려해야 함을 알 수 있다.

규칙은 '나는 수업 준비물을 챙긴다'이다. 이 규칙을 어기면 다음과 같이 부정적 결과가 단계적으로 뒤따른다.

1단계: 경고, 준비물을 빌리거나 친구의 책을 함께 사용한다.

2단계: 수업에 참여하지만 준비물을 빌릴 수 없다. 준비물이 필요한 과제를 다시 한다.

3단계: 수업에 참여하지 않고 모든 수업 내용을 다시 한다.

4단계: 수업에 참여하지 않고, 교내에서 보충시간에 모든 내용을 다시 한다.

교사는 당연히 각 단계를 실시할 준비가 되어 있어야 한다. 예고한 것은 반드시 해야 한다. 이는 교사가 지속적으로 규칙을 모니터링할 만큼 중요한지 여부를 결정해야 함을 의미한다. 일부 교사에게는 앞 사례의 규칙이 그렇게 중요하지 않을 수 있다. 이런 교실에는 다른 규칙을 이행하는 것이 더 중요하기 때문에 학생들이 빌릴 수 있는 '수업 준비물'이 비치되어 있다.

- 일반적인 부정적 결과로는 특정한 경우에 학생에게 벌로 주는

숙제가 있다. 그러나 "나는 교실에서 소리 지를 수 없다."라는 문구를 100번 써서 실제로 행동이 바뀌는 학생은 극히 드물다.

또한 벌로 하는 숙제를 하지 않는 경우, 이를 감독하기 위해서는 많은 노력이 필요하기 때문에 오히려 하는 일이 더 많아질 수 있다. 학생이 벌로 하는 숙제에 분개하여 저항하면 학교에 나도는 도덕적이고 비꼬는 듯한 글을 베껴 쓰게 한다. 하지만 이런 베껴 쓰기는 괴롭힘으로 인식되어 학생과 학부모가 이에 맞서 싸우는 계기를 제공할 수 있다. 즉, 갈등을 완화하기보다는 오히려 고조시킨다. 따라서 교사는 글쓰기를 반대하는 것이 좋다. 그러나 한 가지 가능한 것은 학생들이 위반한 규칙과 그 의미에 대해 서면으로 따져 보는 것이다.

- 일부 학교에서는 부정적 결과를 학급일지에 기록한다. 이는 기록한다는 의미가 있지만, 한편으로는 '겁주기' 위한 것이기도 하다. 기록은 학생들이 기록이 어떤 결과를 낳을지를 분명히 아는 경우에 성공한다. 경험에 따르면, 종종 학생들은 눈에 띄는 결과가 없기 때문에 기록 여부를 신경 쓰지 않는다. 따라서 기록과 관련하여 학교에 어떤 체계가 있는지 학생들에게 알리는 것이 중요하다(예: 기록 수가 일정 한도를 넘으면 추가 수업이 이루어진다).

(6) 기록

부정적 결과에 대해서도 기록을 염두에 두는 것이 좋다. 간단한 기록 목록은 어떤 규칙 위반이 어떤 부정적 결과를 초래했는지를 보여 준다(p. 292 부록의 '9. 규칙 위반 기록지' 참조). 교사가 수업에서 긍정적 결과와 부정적 결과를 통합한 시스템을 도입하고 싶지 않더라도, 이런 기록은 도움이 된다. 한 학생이 행동의 변화가 보이지 않고 부정적 결과 목록에 계속 체크되면, 교사는 더 이상 혼자서 할 수 없으며 이 학생을 위해 다른 방법과 지원 방안을 찾아야 한다. 기록은 추가 조치를 위한 좋은 기초 자료가 된다.

〈규칙 위반 목록〉

반: 6-1

기간: 2022. 6. 13-24.

이름	규칙 1: "나는 내 차례때만 말한다."	규칙 2: "나는 수업 시간을 지킨다."	규칙 3: "나는 숙제를 하고 가져온다."
학생 A	6. 13		
학생 B		6. 14, 6. 17, 6. 24	
학생 C			
학생 D			
학생 E	6. 24		6. 15
학생 F			
학생 G			6. 15, 6. 20, 6. 24
학생 H			
학생 I	6. 20, 6. 21, 6. 24		

(7) 기타 조치

① 학생과 코칭대화

교사는 코칭대화를 통해 학생에게 특히 어려운 규칙을 더 잘 준수할 수 있는 방법을 제공할 수 있다. 예를 들어, 학생이 '나는 내 차례에만 말한다'는 규칙을 지키기 어려우면, 교사와 이 규칙을 준수하는 데 무엇이 도움이 될지 생각한다. 도움을 줄 수 있는 방법의 예는 다음과 같다.

- 기억(예: 규칙을 책상에 붙인다)
- 자기관찰지(수업이 끝나면 학생은 자신의 규칙 준수를 평가한다)
- 개인적 목표 합의(예: 학생은 교사와 규칙을 준수하지 않을 경우 주말까지 두 번 경고를 받는다는 데 합의한다). 코칭대화는 상담교사나 상담사와도 할 수 있다.

코칭대화에서 교사는 질문을 통해 학생에게 자신의 아이디어를 개발하고 스스로 계획할 수 있는 기회를 제공한다. 코칭대화는 학생에게 무엇을 해야 하는지 알려 주기 위한 것이 아니다. 따라서 교사의 강연은 삼가야 한다.

② 학부모와 대화

이 대화는 먼저 교사의 관찰 내용을 학부모에게 알리고 학부모와 협력하는 데 도움이 된다. 학부모와 교사가 함께 목표를 공유하면 서로 대항하는 것보다 성공할 확률이 훨씬 더 높다. 따라서 이

대화에서 학생 행동 기록은 변화될 행동에 대한 기초 자료가 될 수 있다.

사례

> 한 학생이 '나는 숙제를 해 온다'는 규칙을 종종 지키지 않는다. 기록을 바탕으로 교사는 이 규칙 위반이 얼마나 자주 발생하는지를 학부모에게 설명할 수 있다("항상" "결코 …… 아니다." "계속" 등과 같이 일반화하는 단어는 사용하지 않는다). 이어서 교사는 학부모에게 도움을 요청하고 자녀의 규칙 준수를 도울 수 있는지, 그리고 그 방법을 문의할 수 있다(모든 학부모가 할 수 있는 것은 아니므로, 교사는 "아니요."라는 답을 수용해야 한다).

학부모대화의 주요 목표는 좋은 관계와 신뢰를 쌓는 것이다. 학부모에게 제안이나 조언을 하는 것이 아니라 해결책을 찾는 데 그들이 참여하도록 초대하는 것이다. 학부모대화는 학생의 참석하에 이루어질 수도 있다.

③ 전문적 학급위원회

교육학 전문가가 참여하는 학급위원회는 학생들에 관한 아이디어를 교환하고 특정 학생들을 관리하기 위한 공동 방안을 모색하는 것이 목적이다. 이를 위해서도 규칙 위반 행동을 기록하는 것이 도움이 된다. 행동에 대한 기록(얼마나 자주 규칙을 위반하고 학생이 정확히 무엇을 말하는가?)이 있는 경우에만 행동 변화를 위한 의미 있는 조치를 취할 수 있다.

> 과목교사들은 A 학생이 수업 중 3번 일어나서 사물함에 있는 휴지를 가져온다고 말한다. A 학생은 음악 시간에만 제자리에 앉아 있는다. 교사들은 음악 시간에는 무엇이 다른지(음악교사는 다르게 반응하는가? A 학생은 특히 음악에 관심이 있는가? 등), 그리고 A 학생이 자기 자리에 더 자주 머물도록 자신이 할 수 있는 것은 무엇인지 생각할 수 있다. 기록은 긍정적 또는 부정적 변화 사항을 기록하는 데도 도움이 된다.

④ 지원계획회의/원탁회의

특히 눈에 띄는 학생을 돕기 위한 학교의 방안이 충분하지 않은 경우, 외부전문가(교육전문가, 상담사, 심리학자, 청소년 관련 기관 등)가 개입한다. 먼저, 참가자 사이에 정보교환이 중요하다. 관찰된 행동이나 규칙 위반에 관한 기록은 공동 작업을 위한 중요한 자료가 된다. 일반적으로 이런 회의에서 구체적인 조치들이 결정되고 조정되며 그 효과를 검토한다.

⑤ 교육 및 제재 조치

학생이 여러모로 규칙을 따르지 않고 교육적 조치(코칭, 학부모대화, 회의 등)로도 변화가 없으면, 학교는 어느 시점에서 교육 및 제재 조치(학급위원회 또는 학교위원회)를 염두에 둔다. 이를 위해서는 규칙 위반 사항뿐 아니라 이미 취해진 교육적 조치에 관한 기존 기록도 매우 중요하다.

가장 도움이 되는 것은 긍정적 결과들과 부정적 결과들로 구성된 시스템이다.

학생들이 규칙을 준수하는 방법을 배우는 데 도움을 주기 위해서는 긍정적 결과와 부정적 결과를 고려한 시스템이 필요하다. 학습이 그렇듯 규칙 학습 역시 원하는 행동에 대한 긍정적 피드백과 원하지 않는 행동에 대한 부정적 결과를 통해 이루어진다. 성인도 그렇듯 일부 학생은 수업 중에 규칙을 어기며 생각 없이 단순히 즉흥적으로 행동한다. 긍정적 그리고 부정적 결과들의 시스템을 통해, 이런 학생들에게 자신의 무의식적 행동을 의식하도록 하고 통제 능력을 훈련할 기회를 준다. 동시에, 교사는 자신도 명확하게 소통하고 투명하게 행동하며 자신이 공정하고 안정된 상대임을 증명한다. 학생들은 교사가 존경스럽고 신뢰할 수 있을 때 인정한다 ("나는 학생 차례가 언제인지 알고 있습니다."). 이 시스템의 성공을 위한 전제 조건으로 교사는 다음과 같이 해야 한다.

- 사람과 행동을 분리한다. 즉, 교사는 학생 개인을 무시하지 않고 그의 행동만을 언급하고 기술한다.
- 학생의 행동을 사적으로 받아들이지 않고 '도발'로 평가하지 않는다.

- 학생의 결정 자유를 존중하고 한 청소년이 부정적 결과를 결정해도 여유로울 수 있다.
- 자신의 어휘에서 '처벌'이라는 단어와 복수에 대한 생각을 제거한다.

이런 시스템은 학생이 스스로 규칙을 준수할지 여부를 결정한다는 것을 전제로 한다. 학생은 두 경우에 그 결과가 무엇인지 알고 있다. 즉, 학생이 규칙을 준수하기로 결정하면 사전에 공지된 긍정적 결과가 뒤따른다. 학생은 규칙을 따르지 않기로 결정하면, 그로 인해 어떤 부정적 결과가 따르는지도 알고 있다. 교사는 학생의 결정을 존중한다. 사전에 합의한 결과가 실제로 발생하는지를 확인하는 것도 교사의 임무이다. 교사에게 가장 큰 이점은 학생이 항상 결정권을 갖는다는 것이다. 즉, 학생이 감당하기를 원하는 결과에 대한 책임은 학생 자신에게 있다. 교사는 이제 더 이상 '강하고 징벌적인 권위자'가 아니라, 예고된 결과가 지속적으로 이루어지고 규칙을 준수하기로 결정한 모든 학생이 편안히 방해받지 않고 수업을 받을 수 있도록 확실하게 보장하는 사람이다.

사례

학생 20명으로 구성된 5학년 학급이 있다. 학생 대부분은 수업을 잘 따르고 있고 동기 부여가 되어 있으며 규칙을 준수하는 데 어려움이 없다. 그러나 일부 학생은 수업 중에 질문하지 않고 계속 떠들거나 과제를 하지 않거나 휴식시간을 어기고 명백한 이유 없이 반 친구와 다툰다. 따라서 담임교사와 학생들은 공동으로 다음과 같 은 세 개의 규칙을 우선순위로 정했다.

1. 나는 내 차례에만 말한다.
2. 나는 숙제를 해 온다.
3. 나는 수업 시작 종이 울리면 제자리에 앉는다.

교사는 이 세 규칙에 대해 다음과 같은 긍정적, 부정적 결과 시스 템을 도입한다.

- 수업이 시작되면 누가 자리에 앉지 않는지, 누가 과제를 하지 않은지를 기록하고 이에 해당되지 않는 학생들은 1점을 받는다.
- 수업이 끝나면 별도의 경고없이 첫 번째 규칙을 지킨 학생은 1점 을 받는다.
- 2주 동안 25점 이상을 획득한 학생들은 모두 숙제 면제권 1장을 받는다.

학생이 규칙 2와 3을 따르지 않은 경우, 즉 제자리에 앉지 않거나 숙제를 하지 않으면 규칙을 위반한 것으로 간주하여 방과 후 10분간 학교에 남아 공부해야 한다. 이러한 학생은 담당교사가 감독한다. 학생이 규칙 1을 따르지 않으면, 교사는 규칙을 상기시키고 칠판 에 그 학생의 이름을 적는다. 학생이 재차 규칙을 따르지 않으면,

교사는 그 학생을 별도의 장소로 보내 다시 교실로 데려올 때까지 쓰기 과제를 하도록 한다.

3) 지속적 규칙 준수 장려

모든 교실에는 규칙이 있다. 그러나 학생들이 규칙을 진지하게 받아들이는 것은 교사가 얼마나 그 규칙을 진지하게 받아들이고 지속적으로 준수할 것을 장려하는가에 따라 크게 다르다. 학생들 역시 규칙을 준수하기를 원한다. 규칙을 지켜야 좋은 학습 분위기와 원만한 학습 및 수업이 가능하다. 따라서 규칙 준수에 주의하고, 필요한 경우 규칙을 지키도록 하는 것은 교사의 임무이자 의무이다.

학생들이 규칙과 그 규칙을 준수하도록 장려하는 교사를 수용하기 위해서는 다음과 같은 기준이 중요하다(p. 289 부록의 '7. 규칙 제정 및 시행 원칙' 참조).

(1) 투명성
- 학생들은 규칙과 그 의미에 관한 정보를 받는다(학생들은 규칙을 알고 있다).
- 학생들은 규칙이 어떤 행동을 기대하는지 알고 있다.
- 학생들은 규칙을 위반하면 자신에게 어떤 결과가 있을지 알고 있다.

왜 투명성이 중요한가? 규칙이 명확하게 규정되지 않으면 학생들은 교사의 횡포를 당할 것이라는 인상을 받는다. 규칙 및 관련 예상 행동에 대한 명확한 설명과 정당화는 이 규칙을 접하지 못하거나 규칙이 정확히 무엇을 의미하는지 모르는 학생들에게 도움이 된다. 때때로 교사는 "하지만 학생은 그렇게 할 수 없다는 것을 알고 있다."라고 말한다. 엄밀히 말해, 오늘날 다원사회에서 교사는 단지 '타인'이 하지 않는 것에 대해 알고 있는 것만 말할 수 있다. 따라서 교사는 모든 학생도 그것을 알고 있다고 간주할 수 없다. 그리고 학생들도 규칙을 배우기 위해 학교에 가기 때문에 도움을 받아야 한다.

(2) 결과

규칙 위반에 대해 즉시 대응한다. 학생들은 교사들이 처음에는 장기간 규칙 위반을 간과하다가 갑자기 엄격한 제재를 가한다고 불평한다. 따라서 규칙 위반에 즉시 대응하는 것이 좋다. 대응이 곧 제재를 의미하는 것은 아니다. 대부분의 경우, 규칙 위반을 지적하는 것으로 충분하다(p. 91 참조). 이로써 학생들은 교사가 수업 중에 규칙 위반을 주시하고 있음을 학습한다. 동시에 교사는 학생들이 이해할 수 있는 방식으로 다음 단계를 명시하고 실행할 수 있다. ("선생님은 여러분에게 '나는 내 차례일 때 말한다'는 규칙을 따르지 않았다는 사실을 여러 번 알렸습니다. 지금부터는 규칙을 엄격하게 준수할 것으로 기대합니다. 지금부터 규칙을 어긴 사람의 이름을 칠판에 적고 규칙 위반에 상응하는 적절한 조치를 할 것입니다."). 규칙 위반에

대한 일관된 반응은 새로운 학습모둠 구성이나 학기 초에 특히 중
요하다.

(3) 공정성

반응은 적절하고 공평하게 한다.

적절성은 사소한 규칙 위반에 대해서는 약한 반응을, 엄중한 규
칙 위반에 대해서는 강한 반응을 한다는 것을 의미한다. 교사가 옆
친구에게 속삭이는 학생에게 큰 소리를 지르는 것은 부적절하다.
교사가 반복적으로 수업 시간에 전화하는 학생에게 반응하지 않는
것도 부적절하다. 교사가 규칙 위반을 이유로 협박하거나 검사하
는 결과도 적절해야 한다.

규칙 위반에 대한 반응이 사람과 상관없이 이루어지는 것도 공
정성의 일부이다. 학생들은 종종 다음과 같이 불평한다. "뭔가 있
으면 항상 저였습니다. 그러나 여학생들이 떠들면 선생님은 아무
말도 하지 않습니다. 선생님은 저한테만 그러세요!" 규칙 위반에
대한 주의를 모든 학생에게 동등하게 하고, 규칙에 따라 행동하는
학생의 규칙 위반에 대해서도 주의함으로써 이러한 비난을 피할
수 있다. 교사가 규칙 준수와 관련하여 특별한 교육이 필요한 학생
을 다른 학생과 다르게 대하고 싶다면, 그 학생과 개별대화를 하고
이를 반 학생들에게 알려야 한다(예: "여러분도 알고 있듯이 A 학생은
특히 대화규칙을 지키기 힘들어 합니다. 그래서 이 학생의 이름을 칠판에
쓰기 전에 앞으로 2주 동안 규칙이 적힌 카드를 주고 대화규칙을 늘 기억
하도록 할 것입니다.").

(4) 객관성

반응은 훈계, 무시, 설명, 고함 등이 없이 한다. 규칙이 있는 수업을 하려면 학생들이 규칙을 위반하면 결과가 따른다는 것을 이해해야 한다. 일반적으로 학생들도 이런 결과를 따를 각오가 되어 있다. 그러나 실제로 수업하고 싶은 교사가 수업 방해 때문에 5~10분 정도 훈계하기 시작하면 학생들은 이해하기 어렵다. 일반적으로 훈계로 학생들을 이해시킬 수 없다. 즉, 학생들은 이미 무슨 말을 할지 알고 있기 때문에 더 이상 듣지 않는다. 또한 규칙을 지키는 학생을 포함하여 학생 모두가 훈계를 들어야 한다. 이로써 교사는 자신의 수업에 의존하는 학생들까지 분개하게 만든다. 이런 훈계와 함께 개인적으로 비난하면 상황은 더 어려워진다.

힌트

규칙 위반 사실을 더 객관적이고 감정 없이 알리고 그에 따른 결과를 처리하면 더 좋다. 분노하지 않으면 에너지를 절약하고, 오히려 더 신속하게 수업을 재개할 수 있다.

4) 방해에 대한 적절한 대처

규칙 위반, 갈등, 문 두드리기 등 수업 방해에 대한 대응의 가장 중요한 목표는 다음과 같다.

- 신속하게 수업을 재개하고,

- 태도를 분명히 하면서 학생들에게 집중하고,
- 긴장을 완화하는 행동을 하고,
- 침착함을 잃지 않는다.

다음의 사례에서 수업 방해에 대한 유용한 대응을 볼 수 있다.

 사례

갈등이 발생하면 교사는 그 원인보다는 규칙 위반을 주제로 삼는다. "A 학생과 B 학생, 두 학생은 말할 차례가 아닌데 말을 했으니 수업 규칙을 어긴 겁니다."

많은 경우 갈등이 주제가 아니면 수업을 계속할 수 있다. 하지만 당장 해결해야 하는 중요한 갈등이 있다고 이의를 제기하면, 교사는 다른 방법을 고려한다. 또한 교사는 수업이 현재 진행되고 있으므로 규칙을 지켜야 한다는 사실을 강조한다. 교사는 "A 학생, B 학생. 선생님은 규칙 준수가 두 사람에게 중요하다고 생각합니다. 두 사람은 그 문제를 휴식 시간에 해결할 수 있거나 학급회의에서 다룰 수도 있습니다. 지금은 수업 중이니 두 사람은 규칙을 따르길 바랍니다."라고 말하고 수업을 재개한다. 이로써 수업이 우선순위이고 토론은 더 이상 용납되지 않는다는 분명한 신호를 보낸다.

발언 중에 학생들이 소리를 지르면, 교사는 수업이 우선임을 재차 강조하고 필요한 경우 규칙을 엄격히 적용할 것임을 천명한다. "A 학생, B 학생. 선생님은 이 사안이 두 사람에게 중요하다는 것을 알고 있습니다. 하지만 다른 학생들과 선생님에게는 수업이 우선입니다. 지금부터 선생님은 규칙 준수를 엄격히 살펴볼 것입니다. 두 사람은 자기 차례에만 말한다는 규칙을 준수할 것인지, 아니면 위반할 것인지 결정할 수 있습니다. 두 사람은 무엇을 선택하든 그 결과를 따라야 합니다."

규칙을 계속 위반하면 예고한 부정적 결과의 강도 또는 긍정적, 부정적 결과 체계의 원칙에 따라 처리한다.

다시 한번 가장 중요한 힌트를 정리하면 다음과 같다(p. 289 부록의 '7. 규칙 제정 및 시행 원칙' 참조).

- 훈계하지 말고 미리 발표한 내용, 예를 들어 사전에 함께 합의한 단계별 결과나 긍정적, 부정적 결과 체계를 일관되게 적용한다. 훈계는 특히 규칙을 지키는 학생들을 화나게 한다. 또한 교사는 종종 학생을 일반화하고 개인으로서 학생을 무시한다. 이는 관계에 지속적인 영향을 미치고 학생들과의 좋은 협력관계를 방해한다. 이로 인해 관계가 나빠지고 학생들과의 협력관계가 방해받는다.
- 끝없이 경고하지 않는다. 경고로 뚜렷한 행동 변화가 없으면, 방해하는 학생에게 직접 말하고 자신의 행동이 교실과 교사에게 미치는 영향을 나–전달법으로 전달한다(p. 83 및 제5장 참조). 그리고 방해를 어떻게 다룰지 알리고 그에 따라 행동한다.

- 대포로 참새를 쏘지 않는다. 첫 번째 방해 또는 규칙 위반에 대해서는 항상 가장 낮은 단계의 결과를 결정한다. 처음부터 너무 높은 단계로 가면 금방 최종 단계에 도달하여 더 이상 여지가 없다. 단계가 낮아지기보다는 더 높아지기 쉽다. 예를 들어, 행동이 올바르고 눈에 띄지 않는 학생이 시험 후 교사에게 큰 소리로 "선생님은 제정신이 아닙니다. 정신병원으로 가세요."라고 욕했다. 교사는 당연히 분개하여 학생을 교장에게 데려가서 징계를 받도록 할 수 있다(높은 단계). 하지만 교사는 그 학생에게 본인이 들은 말에 대한 의견을 듣고 나중에 차분히 학생과 다음과 같이 대화함으로써 침착하게 흥분하지 않고 낮은 단계로 대응할 수 있다("A 학생, 학생이 말한 것을 들었어요. 그 말은 선생님에게 매우 모욕적이었어요. 수업이 끝난 후 학생과 다시 이야기하고 싶어요.")
- 실행할 수 있고 실행하려는 결과로만 위협한다. 대부분의 위협은 무력감에서 비롯된다. 교사가 할 수 없거나 하지 않을 것으로 위협하면 신뢰와 권위를 잃는다. 더 좋은 방법은 자신이 어떤 결과를 목표로 행동하고 싶은지 미리 생각하고, 그런 결과가 합리적이고 적절한지 침착하게 확인하는 것이다. 더 좋은 것은 긍정적 결과와 부정적 결과 중에 학생들과 합의한 행동을 활용하는 것이다.
- 학생들을 협박하지 않는다(예: "학생이 당치 않은 행동을 하면 인생이 고달플 겁니다."). 더 좋은 방법은 학생들에게 두 가지 방안 중에 하나를 선택하게 하는 것이다(예: "학생은 여기에 머물면서

규칙을 지키거나, 아니면 문 앞에 앉아 20페이지부터 22페이지까지 베껴 써야 합니다.").

- 토론에 휩싸이지 않는다. 수업을 우선으로 하고 적절한 개입을 통해 신속하게 수업을 재개한다(pp. 138-147 참조).

- 신체언어를 활용한다. 상황을 논하기 전에 갈등 또는 규칙 위반을 인지했음을 비언어적으로 알리기 전이나 구두 개입 과정에서 신체언어를 활용한다. 갈등조정을 결정했다면, 교사의 신체언어는 제편적이고 서로 마주 앉는 것이다. '수업 우선'이라고 결정하면, 확고한 입장을 취하고 자신의 견해를 구체적으로 표현해야 한다.

- 한 학급에서 가르치는 동료교사들과 방해를 처리할 방법을 조율한다. 모든 과목에 적용되는 규칙에 합의하고 긍정적, 부정적 결과 체계에 대해 의견을 일치한다. 이로써 서로 지원할 수 있고, 학생들은 교사마다 다르게 맞출 필요가 없다. 학교장과 동료교사가 학교발전 과정에 개방적이면 학교 전체에 적용할 수 있는 장기계획을 세울 수 있다.

- 학부모와 협력한다. 학부모에게는 가능한 상세히 교실에서 방해 및 규칙 위반을 다루는 방법, 즉 학생과 합의한 긍정적, 부정적 결과와 학생들에게 말할 내용을 설명한다. 또한 이에 대한 이유와 이를 통해 추구하는 목표(학습 및 공부 분위기, 규칙학습 지원, 성공적인 학습 등)를 설명한다. 학부모와 함께 가정과 학교가 이 목표를 달성하는 데 어떻게 서로 지원할 수 있는지 고려한다.

힌트

　개별 학생 또는 학생 전체가 반복적이고 체계적으로 수업을 거부하는 교실이 있는 경우에는 앞에서 설명한 절차로는 충분하지 않다. 자세한 설명은 제6장에서 찾을 수 있다.

제 **4** 장

학생–학생 갈등: 세력 유지 및 확장

1. 갈등 유형 인식

교실에서 학생들이 수업 시간이나 휴식 시간에 서로 욕하거나 헐뜯는다. 그 이유는 대개 사소하다. 일부 학생은 이를 참지 못하고 짜증부터 내며 다른 학생들을 얕보고 넘보거나, 심지어 신체적 가해를 할 구실을 찾는다. 이에 대해 교사가 물으면, 이 학생들은 상대방이 먼저 싸움을 걸어와서 대응한 것일 뿐이라고 변명한다. 또한 단지 장난일 뿐이라거나 상대방이 대답을 하지 않아서 어쩔 수 없었다는 핑계를 댄다.

신임교사는 이 싸움을 일단 갈등으로 보기 때문에 갈등조정으로 문제를 해결하려 한다. 하지만 상황은 거의 바뀌지 않고 더 불꽃이 튀며 이전보다 더 큰 싸움으로 번진다. 이런 상황에서 교사들은 무력감을 느끼며, 학생들이 이해력이 부족하다고 불평한다. 어느 시점에서 교사들은 좌절감에 포기하고 학생들의 싸움을 방치한다.

이런 학생 사이에 다툼은 역학 구도에 따라 1 유형과 2 유형으로 나뉜다.

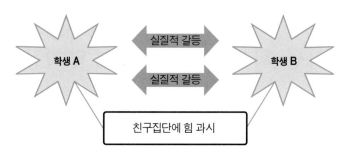

[그림 4-1] 세력이 비슷한 학생 간 갈등

• 1 유형: 세력이 비슷한 두 학생이 친구들에게 자신의 힘을 과시하거나 누가 교실을 지배할 것인지를 놓고 주도권 싸움을 한다. A 학생과 B 학생은 친구들에 미치는 세력이 비슷하다 ([그림 4-1] 참조). 다툼은 실질적 갈등을 해결하는 것이 아니라 권력을 잡으려는 것이다. 겉으로는 실질적 갈등이 있는 것 같지만 속으로는 친구들에게 자신의 세력을 과시하려는 것이다.

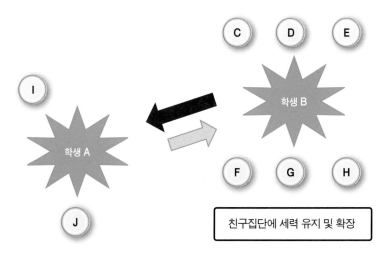

[그림 4-2] 세력이 다른 학생 간 갈등

- **2 유형**: 두 학생의 세력이 다르다([그림 4-2] 참조). 한 학생이 상대 학생보다 친구들 사이에서 지위가 더 높다. 따라서 이 학생은 자신이 힘이 더 세므로 상대 학생을 괴롭혀도 된다고 생각한다. 세력의 유지와 확장이 관건이다.

A 학생과 B 학생은 교실에서 세력이 다르다. 이 경우도 실질적 갈등의 해결이 아니라 다툼은 세력 유지 및 확장을 위한 것이다. 겉으로는 실질적 갈등으로 보이지만 속으로는 세력 유지 및 확장이 핵심이다.

힌트 🔍

교사가 보기에 갈등이 2 유형이고 같은 학생들이 갈등에 연루되어 있다면 진행 중이거나 이미 고착되어 표출된 집단괴롭힘을 염두에 두어야 한다.

💬 갈등 사례

- A 학생과 B 학생이 화난 얼굴로 서로 욕을 하고 있다. 친구들도 둘로 나뉘어 A 학생과 B 학생을 각각 편들고 있다. 교사가 욕하는 이유를 묻자, 두 집단은 큰 소리로 먼저 기분 나쁘게 한 것은 상대라고 주장한다. 주위 학생들은 "제가 욕하는 거 다 봤어요." 또는 "제 옆에 있어서 잘 알고 있어요."라며 거든다.
- C 학생과 D 학생이 뒹굴며 싸우고 있다. D 학생은 "제가 때렸어요."라고 하고, 이에 대해 A 학생은 "거짓말이에요. 제가 우리 엄

마를 욕하며 '저를 위한 희생자'라고 했어요. 저는 방어만 했을 뿐입니다."라고 말한다.

- E 학생이 자신의 친구들과 F 학생 그리고 그의 친구 G 학생 앞에 서 있다. 이들은 F 학생의 새 운동화를 보고 농담하고 있다. 이에 대해 F 학생은 E 학생의 가족에 대한 농담을 한다. E 학생은 F 학생에게 '게이'라고 욕한다. F 학생이 눈물을 흘린다. 교사가 E 학생에게 욕한 사실을 묻자, E 학생과 그의 친구들은 "저희는 아무 것도 하지 않았습니다."라고 한다. E 학생이 모욕적인 표현에 대해 따지자, F 학생은 "그것은 농담이었습니다. E 학생도 웃었어요. 그렇게 웃지 말아야 했어요."라고 한다.

1) 갈등신호

이런 유형의 갈등에서는 실질적 내용이 아니라 반 학생집단에 대해 자신의 지위를 강화하고 '갈등상대방'을 비방하고 피해를 주는 것이 관건이다. 이런 갈등의 특징은 다음과 같다.

- 학생들이 서로 욕하고 비방하며 신체적 공격을 한다.
- 학생들은 자신의 행동을 '정상', 또는 '놀이' '방어 행위'로 변명하거나 상대 학생이 "그렇게 하지 말았어야죠."라고 주장한다. 이로써 학생들은 대개 주변 친구들의 지원을 받는다.
- 갈등의 양 당사자 중 한 명이 약해 보이거나 다툼으로 너무 힘 들어한다.

2) 경보신호

이런 유형의 다툼은 수업 시간 외에도 휴식 시간, 교실 이동 또는 교사 교체, 탈의실 등 교사가 부재한 경우에 볼 수 있다. 이따금 발생하는 말다툼과 몸싸움은 매우 정상적이며 잘 기능하는 교실에서도 발생할 수 있다. 이런 사건들은 집단괴롭힘을 야기할 수 있으므로 과장하거나(예: "학교폐쇄! 즉시!"), 경시하지(예: "그 나이에는 그럴 수 있다!") 말아야 한다.

다음과 같은 경보신호에 주의해야 한다.

- 항상 같은 학생들이 싸운다.
- 항상 같은 학생들 또는 학생집단이 당하고 있다.
- 특히 '승자'를 지지하는 집단들이 형성된다.
- 수업 중에도 비난과 공격을 한다.
- 갈등이 고조되면 수업 중에 교사도 비난이나 공격을 알 수 있을 만큼 시끄럽다.
- 학생들이 교사도 무시하거나 비난 또는 위협을 한다.

앞의 4개 경보신호는 집단괴롭힘이 시작 또는 이미 심화된 경우에 나타난다(p. 149 '집단괴롭힘 대처' 참조). 나머지 2개 경보신호가 울리면, 3원칙(제6장 참조)에 따른 방법으로 집단괴롭힘을 관리해야 한다.

2. 교사의 역할과 자세

이런 유형의 다툼들은 감정이 격해지고 고조되면 교사가 관여하여 관심을 갖는 것이 특징이다. 교사에게는 갈등의 역동을 중단시키는 것이 최우선 과제이다. 교사는 학교의 대표이자 학교 가치의 보증인으로 역할함으로써 이 과제를 수행할 수 있다. 교사는 학생, 교사, 학부모 등이 신체적·정신적으로 침해당하지 않을 권리를 목표로 하여 학교를 대표한다. 교사는 이른바 해로운 행동에 대해서는 정지신호를 보낸다.

이런 교사의 역할은 존중하고 명료한 자세로 수행되어야 한다. 교사의 존중하는 자세는 비록 화가 나고 압력을 받더라도 학생들이 원하는 행동을 함으로써 드러난다. 이는 교사가 폭력적이거나 소리를 질러서도 안 되며, 비난도 공격도 하지 않는다는 것을 의미한다. 교사는 '개인의 침해받지 않을 권리'를 주요 가치로 삼는다. 동시에 이 가치는 교사가 말과 신체언어를 통해 학교의 대표로서 학생을 비난하고 피해를 주는 행동은 가해자든 피해자든 상관없이 수용할 수 없다는 명료한 자세로 나타난다. 교사는 '정지신호'와 같은 역할을 함으로써 명확한 경계를 알리고 정중히 비폭력적으로 요청한다.

이런 상황에서는 갈등조정이 제시되지 않거니와 감정이 격해서 불가능하다. 시도하면 오히려 상황이 악화되고 더 많은 함정이 발생하기 때문에 역효과를 초래할 것이다.

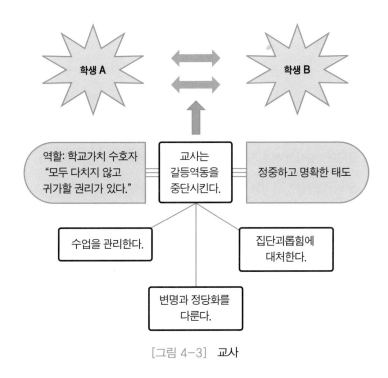

학생 A ⇄ 학생 B

역할: 학교가치 수호자
"모두 다치지 않고
귀가할 권리가 있다."

교사는
갈등역동을
중단시킨다.

정중하고 명확한 태도

수업을 관리한다.

변명과 정당화를
다룬다.

집단괴롭힘에
대처한다.

[그림 4-3] 교사

1) 함정

(1) 한 명 또는 복수의 학생이 교사를 토론에 끌어들인다

많은 학생이 어른들과 충분히 토론하면 어른들이 절망에 빠지고 목표를 포기한다는 것을 학습했다. 많은 학생이 이런 전략을 써서 단 몇 문장으로 토론 주제를 바꾸거나("그러나 지난주에 A 학생이 시작했습니다. 그리고 걔가 심한 욕을 했습니다."), 교사가 죄책감을 갖도록 한다("걔네들이 나만 쳐다봐요. 저는 아무 것도 하지 않았어요. 걔네들이 치사합니다.").

〈대처 방법〉

• 교사는 자신의 관심사에 집중한다. 교사는 갈등의 역학 구도를 중단시키고 싶지만 토론은 하고 싶지 않다. 교사는 '쳇바퀴'처럼 학생들에 대한 바람을 반복한다("선생님은 학생들이 싸움을 멈추길 바랍니다. 여기서 싸움은 안 됩니다." 또는 "선생님은 학생이 화가 난 것을 이해합니다. 하지만 다른 사람을 해칠 권리는 없습니다.").

• 교사는 신체(신체적 긴장), 시선(눈 맞춤) 그리고 목소리(차분하고 단호하게)로 목표를 포기하지 않을 것임을 보여 준다.

• 학생들을 비하하거나 모욕하는 몸짓이나 말을 하지 않는다(p. 138 '변명과 정당화 대처' 참조).

(2) 학생들은 변명과 핑계로 성공한다

대질하여 문책받길 원하는 사람은 없다. 학생들도 대질이나 문책을 피하려 한다. 따라서 학생들은 가능한 뒤탈 없이 사건으로부터 벗어날 전략을 찾는다. 이런 전략은 성공할수록 더 쓰려 한다. 학생들은 자신이나 다른 학생의 핑계와 변명이 성공한다는 것을 알게 되면 더 하고 싶어 한다. 많은 학생이 이런 전략을 가족에서 알게 된다. 가족에서 잘 통하는 전략들을 학교에서도 쓰는데, 이는 나쁜 의도가 아니라 단지 체득되었기 때문이다. 학생의 입장에서는 잘 되고 있는 것을 굳이 바꿀 필요가 없다.

〈대처 방법〉

• 중요한 것은 학생들이 핑계나 변명으로 뒤탈 없이 사건으로부터 벗어나고자 하는 목표를 성취하지 못한다는 것이다. 교사는 자주 듣는 핑계와 변명에 적절히 대처하는 방법을 찾아 체득한다. 자신의 목소리가 차분하고 단호하게 들리는지 확인한다(p. 138 '변명과 정당화 대처' 참조).

(3) 교사는 대처도 힘들고 성공도 쉽지 않아 보이기 때문에 반복되는 갈등을 묵과한다

이런 갈등이나 싸움에 개입하기가 쉽지 않다. 수업 준비 이외에 말다툼과 갈등의 역학구조를 주시고 경우에 따라 개입하기 위해서는 많은 노력이 필요하다. 하지만 교사가 언어적 또는 신체적 피해가 발생하는 상황을 간과하면, 학생들은 다음과 같이 생각하게 된다.

• 어른들은 학교에서 학생들이 어떻게 관계를 맺는지에 대해 무관심하다.
• 모두가 보는 데서 타인을 해쳐도 걱정하지 않는다.
• 사람이 다쳐도 어른에게 도움을 기대할 수 없다는 것을 배운다.

〈대처 방법〉

• 개입할 때 쓰는 문장: 서로 언어적 또는 신체적 피해를 가하는 상황에서 활용할 수 있는 문장 1~2개를 생각한다. 문장은 부문장 없이 간단하며 비난하지 않고 중립적이며, 갈등당사자들에게 명확한 정지 신호를 전달한다("A 학생, B 학생에게 욕하는 것을 당장 멈추세요!"). 이로써 교사는 부적절한 행동(훈계, 비명, 과도한 처벌)을 하지 않거나 갈등에 휩싸일 수 있는 위험을 피할 수 있다.

• 교사회의에서 모든 교사가 살펴보고 해로운 행동을 감지하고 개입한다는 것에 합의한다. 개입은 자동적으로 처벌한다는 의미가 아니다. 더 중요한 것은 상황을 주시하고 개입하는 것이다. 이때 교사는 인지한 행동을 비난 없이 언급하며("선생님이 학생이 친구를 때리는 것을 보았어요."), 어른으로서 해로운 행동을 간과할 수 없음을 분명히 밝힌다("학생도 알고 있듯이, 우리는 급우의 부상을 용납하지 않을 것입니다."). 이런 합의를 하고 이행하는 것은 학교 발전을 위한 교사들의 임무이다. 이 임무는 교사들이 책임감을 느끼면 더 수월해진다.

3. 유용한 전략

1) 교실관리

학생들이 자주 서로 비방하거나 되풀이해서 붙잡고 싸운다면, 이 상황은 교사가 의식적이든 무의식적이든 장기간 방임한 집단괴롭힘이거나 집단역동일 수 있다. 이로 인해 수업 분위기에 도움이 되지 않는 패턴이 형성된다. 여기서 제시하는 힌트와 전략은, 예를 들어 비난 행동과 집단괴롭힘을 미연에 방지하거나 교사가 교실에 무익한 패턴을 중단시키기 위한 개입으로서 예방적 차원에서 활용할 수 있다.

체계론적으로 보면, 패턴은 두 사람이 만나면서 그들 사이에 형성된다. 한 학급이 집단으로서 교사와 만나면 고유의 상호작용이 일어난다. 집단에서 긍정적 피드백과 연계된 행동들은 더 빈번하게 발생한다. 이 행동들이 더 빈번해지면 패턴은 더 확고해진다.

예

한 교사가 보수교육에 참여했다. 그는 세미나 장소에 정확히 도착하여 다른 참석자 5명과 기다리고 있었다. 10분이 지나자 불안감이 커져갔다. '내가 제대로 온 건가? 세미나는 하는 건가? 왜 이렇게 기다리게 하지?' 세미나 강사가 들어오고 10분 후 10명이 들어와서 커피를 손에 들고 깊은 대화를 하고 있다. 휴식 시간 후, 참석자들이 세미나에 제시간에 들어올 확률은 얼마나 될 것인가? 참석자들과 강사가 시간을 지키지 많으면 지각은 정상이 될 것이다. 이렇게 패턴이 굳어지며, 이에 대한 책임은 아무에게도 없다. 단지 이런 행동은 '상호작용'으로부터 생긴 것이다.

교실에서 심한 비난을 동반한 갈등패턴이 보이면, 반드시 그 패턴을 중단시켜야 한다. '패턴에 참여한 사람'은 패턴을 중단시킬 수 있다. 앞에 사례의 경우, 시간을 지킨 참석자들은 지각을 문제로 삼을 것이고 약간의 운만 좋으면 이를 통해 지각한 사람들이 반성할 수 있다. 하지만 지각을 한 사람들이 커피를 마시며 수다 떨기를 좋아한다면 반성은 없을 수도 있다. 세미나 진행자도 참석자의 지각과 상관없이 정각에 시작하면 그 패턴을 중단시킬 수 있다.

비난과 피해가 빈번한 학급에서 고통받는 학생들은 서로를 이해하지 못한다. 하지만 교사는 관리의 필요성을 인식하여 이 패턴을 중단시킬 수 있다. 수업을 관리한다는 것은 학급에 대한 운영권을 받는다는 의미이다. 이를 위해서는 관심과 명확성이 필요하다. 운영권을 받은 교사는 용납할 수 없는 행동을 명확하게 적시하고, 한편으로는 그 학생에게는 호의적으로 관심을 표한다. 교사는 그 학생을 행동과 상관없이 정중히 대한다. 교사는 밤길을 밝히는 등대처럼 모범을 보이고, 학생들이 활동할 수 있는 명확한 기준을 제시한다. 교사가 제시한 기준은 다음과 같다.

• 모든 학생을 위한 안전과 지향점을 의미한다.

• 집단괴롭힘 및 폭력 예방책이다.

이 기준대로 행해지지 않는 행동들은 나중에라도 많은 노력으로 수정할 필요가 없다. 교사로서 관리 권한을 위임받고자 하는 사람은 다음과 같은 관리 원칙에 따라 행동할 수 있다(p. 294 부록의 '11. 체크리스트: 관리 원칙' 참조).

(1) 관리 원칙 1: "태초에 관계가 있으니라."[마르틴 부버(Martin Buber, 1979)]

인간은 타인과의 관계 없이 살 수 없다. 학교에서 협력하기 위해서는 학생들은 교사와 안정적인 관계가 필요하다. 이 관계는 근본적으로 교사에 의해 형성되며 사람에 대한 존중에 기반한다. 학생들은 교사와 관계가 좋고 인간으로서 받아들여지고 인정받으면 스스로 할 필요가 없는 것도 기꺼이 한다. 학생의 70%는 과목이 아니라 교사를 보고 공부한다. 교사가 관리자로서 인정과 지지를 받는 데에 중요한 요소는 학생과의 관계이다. 이 밖에도 교사는 교실 안팎에서 관계들을 주시하고 긍정적으로 이끌어가야 한다.

따라서 교사는 특히 교실에서 서로 비난하고 해로운 행동을 하는 갈등상황에서 다루기 힘든 학생들과 관계를 개선할 수 있는 방법을 모색해야 한다. 교사는 일부 학생의 행동에 대해 분노를 느끼지만, 긍정적 관계를 형성하고 가능한 사람과 행동을 구분하려면 고도의 전문성이 필요하다.

교사는 이 외에도 반 학생 간, 교사와 학부모 간, 학부모 간, 교사 간 관계를 주시해야 한다.

이들 관계를 지속적으로 증진하기 위해서는 다음과 같은 방법이 필요하다.

- 학생과 관계 개선 방법
  - 이름과 개인 신상, 선호, 취미, 친구 등 기억
  - 변화 인지
  - 개별 대화를 위한 시간
  - 존중하는 태도
  - 관심사를 진심으로 받아들이고 경청
  - 정기적으로 학생-교사 대화 실시(p. 149 '집단괴롭힘 대처' 참조)
  - 강점과 잘하는 것 인지와 칭찬
  - 학생상담 실시
  - 책임 위임(임무, 과제, 권한)
- 학생 간 관계 개선 방법
  - 서로 사귀기(이름, 개인 신상)
  - 감정 인지와 표현
  - 적절한 갈등해결
  - 함께하기(소풍, 활동, 놀이)
  - 협력게임/신뢰게임(pp. 128-129 참조)
  - 함께 만들기(예: 교실환경미화), 상호 배려
  - 학급회의

- 칭찬 편지쓰기/서로 칭찬하기(pp. 128-129 참조)

- 좌석 변경

- 상하급학생 간 파트너십 형성

- 자신의 장점 소개

• 학부모 간 관계 개선 방법

- 학부모회의, 명찰 착용

- 학급파티

- 학급을 위한 공동 활동(학교축제, 개교기념일 등)

- 학부모회의 실시

• 학부모와 관계 개선 방법

- 개별 연락(전화, 방문 등)

- 정기적 대화

- 학부모와 연락(이메일 주소, 전화번호, 안내책자 제공)

• 교사 간 관계 개선 방법

- 규칙에 대한 정보 교환을 위한 사전 교사회의 실시

- 통일된 교육을 위한 정기적 회의 실시

- 성과에 대한 대화

학교는 다양한 관계구조로 형성된 복잡한 체계이다. 따라서 교사는 자신에 대한 관계 역시 소홀히 할 수 없다. 교사는 자신이 맺는 모든 관계에서 항상 역할 수행을 하는 개인일 뿐 아니라, 동시에 학생, 학부모, 동료교사의 동반자여야 한다.

협력 게임 1: 사각형 교실

목표: 학생 협력, 함께 해결책 찾기

시간: 최소 20분

준비물: 마스킹 테이프

학년: 모든 학년

방법: 학생들은 원형으로 의자에 앉는다. 교사는 원 중앙에 약 1제곱미터 크기의 정사각형을 마스킹 테이프로 만든다.

과제: 반 전체가 이 정사각형 안에 있어야 한다. 신체 부위가 사각형 밖으로 나가면 안된다.

규칙: 보조기구(예: 의자)를 사용할 수 없다. 종 등으로 신호가 울리면 모든 학생은 즉시 다시 자기 자리에 앉는다. 교사는 과제 해결이 실패하거나 위험한 상황이 발생하면 게임을 중단한다.

진행: 일반적으로 학생들은 사각형으로 돌진한 다음에서야 답이 아님을 깨닫는다. 교사가 평가 신호를 알리면 학생들은 모여서 첫 시도를 평가하고 새로운 아이디어를 모은다(교사는 "어떻게 과제를 해결하려고 했는가? 해결되었는가? 다른 아이디어가 있는가?" 등의 질문을 한다). 다시 시도한다. 과제가 해결될 때까지 계속한다. 교사는 어떠한 도움도 주지 않아야 한다. 과제 해결이 너무 쉬우면 사각형을 더 작게 만든다.

최종 평가: 교사는 "여러분은 과제를 어떻게 해결했습니까?" 또는 "과제가 해결되지 않은 이유는 무엇입니까?" "해결하려면 무엇을 바꾸어야 합니까?" 등의 질문으로 논의하도록 한다.

🖉 **협력 게임 2: 의자 세우기**

목표: 학생 협력, 게임 방법 합의, 자기통제

시간: 10~15분

준비물: 없음

학년: 모든 학년

방법: 학생들은 원형으로 의자를 놓고 그 뒤에 선다. 의자 뒷다리를 기울여 앞다리가 공중에 뜨도록 한다. 의자 뒤에는 움직일 수 있는 충분한 공간이 있어야 한다.

과제: 학생들은 의자를 쓰러트리지 않고 원형 의자 주위를 한 바퀴 돈다.

규칙: 학생들은 한 손으로 만 의자를 만질 수 있다(항상 동일).

진행: 학생들은 어떤 방법으로 의자 주위를 돌 것인지 합의해야 한다(예: 동일한 방향? 어떤 명령? 누가? 등). 과제가 실패하거나 학생들이 한꺼번에 이야기하면 교사는 회의를 소집한다.

최종 평가: 교사는 "과제를 어떻게 해결했는가?" "왜 실패했는가?" "성공하려면 무엇을 바꾸어야 하는가?" 등의 질문으로 논의하도록 한다.

(2) 관리 원칙 2: 정직이 중요하다

설문조사에 따르면, 정직은 사업이나 사생활에서 가장 중요한 가치 중 하나이다. 정직은 주로 학교와 가정 교육을 통해 형성되고 영향을 받는다. 따라서 학교에서는 교실에서 정직을 중요한 가치로 다루어야 한다. 다음은 정직하지 않을 때 나타나는 특징이다.

- 공동생활과 협력을 어렵게 하는 문제들이 해결되지 않는다.
- 상대방에 대한 신뢰가 클 수 없다.
- 상대방의 말을 믿을 수 없다.

사실 정직하기가 항상 쉬운 것은 아니다. 용납되지 않더라도 사실에 대해 공개적으로 말하거나 자신이 한 것에 대해 솔직하려면 용기가 필요하다.

따라서 교사는 관리자로서 학생들이 정직하게 행동하도록 장려하고 정직의 가치를 교실에 긍정적으로 확립하는 것이 중요하다. 이를 위해서는 정직과 그 용기에 대해 긍정적 관심이 많고 용기가 필요하다. 이는 학생이 정직하면 존중과 인정을 받는 동시에, 정직하지 않거나 변명하거나 책임을 타인에게 전가하는 하는 사람보다 유리함을 의미한다.

정직의 가치가 확립되면, 학생들은 비록 자신의 행동이 학교나 사회 규칙에 맞지 않더라도 정직하게 말한다. 하지만 경멸적이고 상처를 주는 행동이 자리 잡은 교실에서 정직의 가치가 확립되기 위해서는 일정 시간이 걸린다는 것을 염두에 두어야 한다. 그 이유는 학생들이 먼저 남을 탓하거나 자기 책임을 부정하기보다 정직한 것이 더 가치 있음을 시험하기 때문이다.

정직을 중시한다는 것은 규칙 위반 행동을 용인한다는 의미가 아니다. 오히려 정직을 중시함으로써 사람과 행동을 분리할 수 있다. 즉, 학생은 정직하면 칭찬받을 수 있지만 학생의 행동은 부적절하다고 평가될 수 있다. 그러나 한 학생이 자신이 한 것을 정직하게 말하면 그 정직은 관례적인 조치에 따른 것이 아니라, 예를 들어 학생 스스로 진정으로 관계 회복을 제안할 수 있다는 점에서 그 가치가 있다.

교사는 '정직'의 가치를 특별히 강조하고 교실에 '용기'와 함께 잘 보이는 곳에 적어 놓는다. 이와 함께 정직의 의미와 장점에 대한 토론도 진행한다. 정직에 대한 강연이나 훈계는 하지 말고 학생들에게 "정직이란 실제로 무엇을 의미하는가?" "정직이 왜 중요하다고 생각하는가?" "정직하면 어떤 장점이 있는가?" 등을 질문한다. 학생들의 답변을 통해 그들의 가치체계에 대해 많은 것을 알게 되고, 인내가 필요한 학생을 파악할 수 있다.

앞으로는 모든 방법을 활용하여 정직을 긍정적으로 표현한다.

예

한 학생이 처음으로 숙제를 못한 이유를 말한다. 교사는 "선생님은 감명받았습니다. 학생이 정직해서요. 물론 숙제는 해야 하지만, 학생의 용기와 정직을 존중합니다."라고 답한다.

교사는 교실에서 서로 상처를 주며 비난하는 학생들을 만난다면 '정직'의 가치를 강조하고 학생들에게 정직할 기회를 준다.

예

교사는 동료 학생을 욕하는 학생에게 다가가서 "이제 학생이 정직할 기회입니다. 정직하면 존중받을 수 있습니다."라고 한다. 학생이 상대 학생에게 한 비난과 침해 사실을 시인하면서 "네, 제가 욕은 했지만 그렇게 나쁜 것은 아니잖아요."라고 하면, 교사는 "그렇게 나쁜 것은 아니잖아요."가 아닌 학생의 정직에 초점을 맞춘다. "나쁘든 좋든, 중요한 것은 학생이 친구에게 욕한 것을 시인했다는 것입니다. 선생님은 학생의 정직이 마음에 듭니다!" 이어서 교사는 학생이 자신의 잘못을 만회할 기회를 준다. "학생은 우리가 모욕적인 언행을 용납하지 못한다는 것을 알고 있지요. 하지만 학생은 정직했어요. 그러므로 자신의 잘못을 만회할 방법이 있을 것입니다."

다음에 설명할 권리원칙 4와 권리원칙 5로 분위기는 점점 변할 것이다.

하지만 교사는 인내심을 갖고 계속 지켜봐야 한다. 동종 요법처럼 처음에는 오히려 악화되었다고 인식될 수 있다. 처음에 학생들은 과거 전략을 고수하며 계속 작동하길 바란다. 하지만 이런 희망이 좌절되면, 관심과 긍정적 강화를 통해 행동의 변화가 일어난다.

(3) 관리 원칙 3: 규칙을 정하고 실행한다

이 관리원칙은 제3장 '규칙 정하기'에서 다룬 모든 내용을 고려해야 한다. 규칙은 간결하고 긍정적이며 관찰 가능한 행동으로 표현되어야 한다. 가장 중요한 규칙들은 잘 보이는 곳에 붙여 놓아야 한다. 관찰된 규칙 위반 사안은 즉시 알려야 하지만 즉각적 제재를 의미하지 않는다. 이런 원칙들은 교실이나 학교에 적용되는 모든 규칙에 중요하다. 그러나 교사라고 모든 규칙을 일관되게 살펴볼 수 있는 것은 아니다. 따라서 경멸적이고 상처를 주는 행동이 있는 교실에서는 이런 행동과 관련된 규칙 위반에 초점을 맞추어 규칙을 시행하는 것이 중요하다.

(4) 관리 원칙 4: 경멸적이고 상처를 주는 행동을 명확히 알린다

교실에서 서로 상처를 주는 행동은 장기적으로 유대감을 약화시킨다. 교실에서 경멸적이고 상처를 주는 행동은 교사가 조기에 파악하여 차단하면 더 심해지지 않는다. 교사들은 교실에 처음 오면 대개 수업에만 집중하고 발언, 비웃음, 비난 등은 신경 쓰지 않는다. 때때로 수업의 흐름을 방해하지 않기 위해 또는 스스로 그치기를 바라기 때문에 의도적으로 간과하기도 한다. 때로는 실제로 발생하듯이, 학생들은 교사가 개입하지 않는 것을 계속할 수 있다는 신호로 간주한다. 따라서 수업 중에 경멸과 상처를 간과하더라도 이를 전혀 무시해서는 안 된다. 이런 행동이 교실에 만연하다면 교사는 비웃음, 소음, 몸짓, 발언 또는 신체적 공격에 주의를 기울이고 개입해야 한다. 즉, 교육 가치의 보증인으로서, 피해자의 보호자로서 집단괴롭힘의 역동을 중단시켜야 한다.

경멸적 행동에 대한 교사의 대응은 다음과 같아야 한다.

- **명확하게**: 짧은 문장, 간단한 단어로 질문한다. "지금 무슨 일이 일어나고 있지요?" 이 질문은 교사가 '무언가 진행 중'임을 알아차렸지만 누가 하는지 정확히 알 수 없는 경우에 할 수 있다.
- **직접**: 학생에게 직접 이름을 부르며 말한다(예: "A 학생, 지금 무엇을 하는 거지요?" "B 학생, C 학생에게 욕하고 있네요!").
- **존중**: 사람과 행동의 분리, 놀리기, 욕설, 훈계, 비난 등을 금지한다.
- **항상 똑같이 대하기**: 모든 학생에게 중립적인 어조로 경멸하지 않고 동일하게 대한다.
- **자주**: 한 번이 아닌 일정 기간 동안 발생할 때마다 자주 알린다.
- **즉각적으로**: 반응은 행동이 발생하는 즉시 한다.

이런 반응 방식은 학생들이 자신의 자동적 행동을 인식하고 자신을 제어하는 방법을 배우는 데 도움이 된다. 첫 번째 성과는 학생이 욕을 한 후에 자신이 적절치 못한 행동을 했다는 것을 스스로 깨달을 때 가시화된다(예: "어, 욕을 해서 미안해!"). 이런 일관되고 명확한 반응의 목적은 학생들이 자신의 해로운 행동을 멈추고, 한편으로는 교사가 지원한다는 명확한 신호를 교실의 모든 학생에게 보내는 것이다. 이로써 비난이나 경멸에 대해 두려움 없이 다양한 의견을 낼 수 있다. 이것이 성공하기 위해서는 반드시 교사 스스로 침해당하지 않을 권리를 옹호하고 말 그대로 학생들이 해로운 행동으로 차지한 공간을 '탈환'해야 한다. 이를 위해 교사는 명료하고 동시에 서로 얼굴을 마주하는 신체언어를 사용한다. 물론 한 학급을 가르치는 모든 교사가 합의하면 더 쉬워진다.

예

교실에는 '나는 이야기, 소문, 몸짓으로 누구에게도 해를 끼치지 않는다'는 규칙과 정직의 원리도 적용할 수 있다. A 학생이 B 학생에게 욕을 한다. 이 욕을 들은 교사는 위협하지 않고 A 학생에게로 간다.

교사: (비난하지 않고 궁금하고 차분하게) A 학생, 지금 뭐하는 거예요?

A 학생: 아무것도 아니에요. 어째서요?

교사: 선생님은 A 학생이 B 학생에게 욕하는 것을 들었어요. 말로 상처를 주는 것은 모두 다치지 않고 안전하게 하교한다는 기본원칙을 어긴 겁니다. A 학생은 정직할 수 있는 기회입니다. 지금 정직이 중요하다는 것을 알고 있지요!

A 학생: 네, 제가 B 학생에게 했어요. 그런데 B 학생이 나를 보고 비웃었어요.

교사: 선생님은 A 학생이 B 학생에게 마음을 상하게 했다고 정직하게 말하는 것이 좋다고 생각합니다. 다시 사이가 좋아지기 위해 무엇을 할 거예요?

A 학생: 그런데 B 학생이 저를 보고 비웃었어요!

교사: 그것에 대해서도 우리는 이어서 이야기할 것입니다. 지금은 A 학생이 자신의 행동에 대해 본인이 책임지는 것이 중요해요. 다시 관계를 회복하기 위해 본인이 할 수 있는 것은 무엇인가요?

교사는 처음에 비난이 아닌 질문하는 자세를 취하고 A 학생에게 꾸지람을 하거나 소리를 지르지 않는다. 교사는 당당하고, 신체적 긴장감은 있지만 심리적으로는 긴장하지 않으며, 가급적이면 90도 각도로 A 학생 앞에 서서 분명한 목소리로 질문한다. 이렇게 함으로써 많은 교실에서 흔히 볼 수 있는 기존의 비난 패턴에서 벗어나 학생의 자기성찰을 자극한다. 교사는 "아무것도 아니에요." 라는 대답에 대해 훈계("학생은 본인이 잘못 행동하고 있다는 것을 알지 못한다는 것이 분명해요!") 또는 위협("즉시 멈추지 않으면 학생을 당장 쫓아낼 거예요.")을 하지 않는다. 교사는 대답을 도발로 해석하지("학생은 선생님을 자극하려는 거지요? 그렇다면 내가 한번 보여 주지요!") 않으며, 오히려 자신이 관찰한 내용만을 사실적으로 전달한다. 교사는 규칙을 감정 없이 알리고 정직하도록 권유한다. 물론 학생이 정직할 수 있는 기회를 항상 받아들이는 것은 아니다. 교사가 이 기회를 받아들이도록 여러 번 권유해야 하는 경우도 있다. 학생은 이 기회를 통해 스스로 관계 회복을 시도할 수 없으면 교사가 요구하는 관계 회복을 해야 한다. 학생들은 일반적으로 관계 회복을 제안할 수 있는 것이 훨씬 더 기분 좋다는 것을 즉시 배운다.

교사는 학생에게 어떤 관계 회복을 하라고 할 것인지 확신이 서지 않는 경우, 학생에게 다시 생각해 보고 알려 줄 것이라고 말할 수도 있다. 교사는 이 약속을 반드시 지켜야 한다. 잊어버리면 모든 노력이 수포로 돌아간다.

앞의 예에서 교사의 목표가 학생에게 맞대응하는 게 아니라 학생이 자신의 행동에 대해 책임지도록 하는 것임이 다시 한번 분명해졌다. B 학생의 상처에 대해서는 나중에 논의할 것이다.

앞의 예에서 교사의 반응 방식은 상처를 주고 경멸하는 행동이 아직 심하지 않은 교실에서 효과적이다.

(5) 관리 원칙 5: 변명을 거부한다

경멸하고 상처를 주는 행동이 만연한 교실에서는 학생들이 교사에게 적당한 변명으로 일관한다. 학생들은 변명을 통해 자신을 정당화하고 자신의 행동이 자신에게는 영향을 미치지 않도록 한다. 이것은 학생의 관점에서 보면 이해할 수 있는 목표이다. 서로 경멸하고 상처를 주는 행동이 학생들에게 가장 유용한 전략이 된 교실에서는, 이런 행동을 악의적이고 도발적이라고 판단하지는 않는다. 따라서 교사는 거리를 유지하고 전문적으로 행동할 수 있다. 이제 교사는 의식적으로 이 '게임'에서 벗어날 수 있다. 다시 말해, 변명에 반응하지 않음으로써 학생들의 전략을 무력화할 수 있다. 변명을 거부하고 비효과적으로 만들면, 학생들은 자신의 행동에 대해 책임지는 방법을 배울 수 있다. 하지만 학생들이 가정과 학교에서 변명 전략을 자주 사용하면 이 방법을 배우기 어렵다. 경멸하고 상처를 주는 행동을 바꾸려면 변명에 숨겨진 추론의 근원을 자세히 살펴보고 일반적 패턴을 깨야 한다.

변명을 일관되게 거부하려는 교사의 기본 태도는 한마디로 "폭력을 정당화하는 것은 없다!"라고 정리할 수 있다. 우리의 법률체계에도 폭력은 매우 한정적으로, 즉 자신의 생명을 보호해야 할 경우(자기방어)에만 허용된다. 그러나 사후의 자기방어(복수)는 안 되

며, "그가 나를 너무 이상하게 쳐다보았다."라고 예견하여 무력을
사용해서도 안 된다. 학생들에게 다음의 두 가지 원칙을 가르치고
실행하도록 하는 것이 학교의 목표이자 의무이다.

- 모든 사람은 무사히 귀가할 권리가 있다.
- 모든 사람은 자신을 방어할 권리가 있지만, 이는 타인에게 해
  를 끼치지 않는 방법으로만 가능하다.

　　교사와 다른 교직원들도 이 두 가지 원칙을 옹호해야 한다. 물론
학부모까지 옹호하면 더할 나위 없다. 이를 위해 학교는 학부모에
게 지원을 요청할 수 있다. 학생들에게도 학교에서 이 원칙들을 준
수하도록 요구할 수 있다. 당연히 교사와 교직원들도 이 원칙들을
신뢰할 수 있도록 모범을 보여야 한다.

2) 변명과 정당화 대처

　　앞에 함정에서 알 수 있듯이, 모든 교실에는 언변이 좋고 따지기
를 좋아하는 학생들이 있다. 이런 학생들은 어른들이 토론에 능숙
하다는 것을 알고 있어서, 어른들이 모순에 빠지거나 양심의 가책
을 느끼거나 원래 목표를 잊을 때까지 토론을 이어간다.

예

경멸적이거나 상처를 주는 행동이 팽배한 교실에서는 특히 자신의
행동에 대한 정당화로 다음과 같은 말을 자주 들을 수 있다.

- "걔가 나를 멍청히 쳐다보면."
- "걔가 나를 짜증나게 했어요."
- "걔가 잘못이에요. 정말 짜증나요."
- "걔가 나를 약 올렸어요."
- "걔가 먼저 했어요."
- "그냥 장난으로 한 거예요."
- "나는 아무것도 하지 않았어요."
- "그건 딱 한 번이었어요."
- "그건 고의가 아니었어요."
- "걔는 그 얘기만 해요."
- "그건 우리에게는 정상인데요."
- "그래야 알아줍니다."
- "항상 나만."
- "선생님은 너무 불공평합니다."

이런 변명은 학생이 교사에게 자신의 행동을 정당화하여 어떠한
결과도 초래되지 않도록 하기 위한 사고 패턴을 기반으로 한다. 변
명과 정당화는 체계적론적 집단괴롭힘 예방(Grüner & Hilt, 2014)을
참조하여 다음과 같이 체계화할 수 있다.

(1) 책임전가와 비난

이 유형의 전형적 표현은 다음과 같다.

- "걔가 나를 멍청히 쳐다볼 때"
- "걔가 나를 자극했어요."
- "걔가 잘못이죠. 정말 짜증나요."
- "걔가 나를 약 올렸어요."
- "걔가 먼저 했어요."

이 표현들의 배후 논리는 '상대가 잘못이므로 나를 위한 나의 행동에 대해서는 후과가 없어야 한다'이다.

〈대처 방법〉

- 교사는 상대방이 '성가시게' 했더라도 그 누구도 폭력을 쓸 권리가 없음을 분명히 한다. ("학생은 자신을 방어할 수 있지만 폭력으로는 안 됩니다!"). 학생들이 비폭력적 방어 방법(상대방에게 상처를 주지 않는 분노 표현, 나에게 상처를 주는 행동을 원치 않는다는 분명한 메시지, 예: 교사나 급우에게 연락할 수 있는 방법 등)을 배우면 도움이 된다.
- 교사는 사람들이 같은 행동이라도 다르게 경험한다는 것을 명확히 하고 그 학생의 생각을 묻는다. ("선생님은 학생이 화가 난 것을 압니다. 학생은 A 학생이 그렇게 해서 짜증나지요. 선생님이 그렇게 해도 학생은 역시 화가 나겠지요?")

- 교사는 분노가 주된 감정이라고 가정하고 학생이 비난하지 않고 분노를 적절하게 표현하도록 도와준다. "걔가 짜증나게 해요!"를 "학생은 짜증이 나는군요." 또는 "학생은 화가 나는군요."로 바꾼다(pp. 50-53 '나-전달법' 참조).
- 교사는 학생들과 비폭력적 방법을 찾는다. ("학생은 화가 나면 앞으로 어떻게 하겠습니까?")

• **앞의 변명에 대한 구체적 대처**

  - "걔가 나를 멍청히 쳐다보면." → "학생은 누군가가 쳐다보면 화가 나는 군요. 괜찮아요. 학생은 상대에게 그렇게 말할 수 있지만 자신을 방어하기 위해 폭력을 사용할 권리는 없어요. 다른 방법이 있을까요?"
  - "걔가 나를 짜증나게 했어요." → "A 학생이 정확히 무엇을 했기에 화가 났어요? (학생이 A 학생이 한 것을 평가하지 않고 기술한다.) 학생의 가장 친한 친구가 그렇게 해도 화가 날까요?"
  - "걔가 잘못이에요. 정말 짜증나요." → "학생은 A 학생 때문에 화가 났군요. 폭력을 쓰지 않고 어떻게 방어할 수 있을까요?"
  - "걔가 나를 약 올렸어요!" "걔가 먼저 했어요!" → "학생은 자신을 방어할 권리가 있지만 폭력으로 할 수는 없어요!" "누가 A 학생을 때리기로 결정했어요? (학생 대답: 네, 제가요!) 맞아요! 그렇기 때문에 학생이 책임져야 해요. 학생은 때리면 안 된다는 것을 잘 알고 있어요."

(2) 사소하게 여기기

이 유형의 전형적 표현은 다음과 같다.

- "그냥 재미로 했어요."
- "단 한 번이었어요."
- "그건 고의가 아니었어요."
- "A 학생이 웃었어요!"

이 표현들의 배후 논리는 '상처를 준 사람의 관점에서 보면, 아무 일도 일어나지 않았거나 나쁜 일이나 의도도 없었다. 따라서 자신의 행동에 대해 책임지지 않아도 된다'이다.

〈대처 방법〉

교사는 행동의 결과를 제시한다. 그 행동의 결과는 무엇인가? 어떤 피해나 상처가 발생했는가? 행위자는 피해나 상처에 대해 보상해야 한다.

- 앞의 변명에 대한 구체적 대처
  - "그냥 재미로 했어요." → "그냥 재미였을지도 모르지만 A에게는 어떤 결과가 발생했을까요?" "재미로 했기 때문에 결과가 덜 나쁜 것일까요?" "재미였기 때문에 A는 덜 아픈 건가요?" "A도 재미있었다고 생각할까요?" "재밌었는지를 누가 결정하나요? 그것은 항상 상대방이 결정하는 것입니다."

- "단 한 번이었어요." → "그 한 번이 A 학생에게 어떤 결과를 가져왔나요?"

- "그건 고의가 아니었어요." → "고의가 아니면 덜 아픈 건가요?" "모든 사람은 고의가 아니더라도 자신의 행동에 대해 책임을 져야 합니다."

- "A 학생이 웃었어요!" → "학생은 A 학생이 왜 웃었다고 생각하나요? (학생: "A 학생도 웃기요."). 선생님이 A 학생을 보면 정말 재밌는 것 같지 않아요." "A 학생은 나쁜 장난을 보고 즐거운 표정을 지을 수 있어요" "선생님은 누구든 그런 행동을 견디지 않아도 된다고 생각합니다."

(3) 폭력은 정상이다

이 유형의 전형적 표현은 다음과 같다.

- "걔는 그 말만 이해해요."
- "우리에게는 정상이에요."
- "그래야 존중받을 수 있어요."

이 표현들의 배후 논리는 '그것은 정상적 행동이다. 모두가 그렇게 하기 때문에 결과가 따르지 말아야 한다'이다.

〈대처 방법〉

　교사는 사회, 학교 및 교실 공동체의 가치를 강조하며 정상이라고 하는 행동을 비정상으로 규정한다. 사실 많은 학생이 신체적 · 정서적 폭력을 흔한 일로 경험하며 통찰은 말할 것도 없고 죄책감도 없다. 이런 식의 변명에 대해서는 학교가 공존의 규칙과 원칙을 정하고 신체적 · 정신적으로 침해받지 않을 권리를 옹호한다는 것을 분명히 한다. 교사들은 학생들이 학교 밖에서도 이 권리와 규칙을 준수할 것이라고 가정할 수 없더라도, 학교를 위해 이 권리와 규칙을 지키는 것이 중요하다.

• 앞의 변명에 대한 구체적 대처

　– "걔는 그 말만 이해해요." → "누구든 그런 대우를 받아서는 안 됩니다."

　– "우리에게는 정상이에요." → "여러분에게는 정상일 수 있습니다. 학교에서는 우리가 규칙을 정합니다."

　– "그래야 존중받을 수 있어요." → "학교에서는 안 됩니다! 학생은 자신의 행동에 대해 책임을 지고 실수를 만회해야 존중받을 수 있습니다."

(4) 거부

이 유형의 전형적 표현은 다음과 같다.

• "저는 아무것도 하지 않았어요."
• "아무 일도 일어나지 않았어요."

이 표현들의 배후 논리는 '행위가 없었기 때문에 어떤 결과도 없어야 한다'이다.

〈대처 방법〉

　교사는 상황에 대한 자신의 생각을 밝히고 '비행'의 결과를 설명한다. 교사는 누가 행동했는지 묻고 결과적으로 누가 책임이 있는지를 결정한다.

• 앞의 변명에 대한 구체적인 대처

　– "저는 아무것도 하지 않았어요." → "선생님은 학생이 A 학생을 때리는 것을 보았어요." "학생은 아무 짓도 하지 않았는데 A 학생이 울고 있어요. 어떻게 이럴 수 있나요?" "아무것도 하지 않았는데 지금 이 결과는 무엇인가요?"

　– "아무 일도 일어나지 않았어요." → "선생님이 A 학생이 우는 것을 보았어요."

---

(5) 자제력 상실

이 유형의 전형적 표현은 다음과 같다.

• "어쩔 수 없었어요. 그냥 나에게 일어난 일이에요."

이 표현의 배후 논리는 '가해자는 자신에게 벌어진 일이기 때문에 자신의 행동에 대해 책임을 지지 않는다'이다.

〈대처 방법〉

교사는 누군가를 해칠 결정에 책임이 있는 사람을 명확히 한다.

• **앞의 변명에 대한 구체적 대처**

 – "어쩔 수 없었어요. 그냥 나에게 일어난 일이에요." → "A 학생 얼굴에 주먹질을 하는 것을 누가 결정했나요? (학생: "저요."). 학생이 그렇게 하기로 결정했다면, 학생이 책임을 져야 합니다."

---

(6) 내가 피해자이다

이 유형의 전형적 표현은 다음과 같다.

• "항상 나만, 모두 나를 반대합니다."
• "선생님은 너무 불공정합니다."

이 표현들의 배후 논리는 '학생은 교사의 부당한 대우에 주의를 집중한다. 이런 불공정은 학생이 초래한 피해보다 더 나쁘다'이다.

〈대처 방법〉

교사는 학생과 그의 행동을 엄격히 구분한다. 일부 학생이 부당하다고 생각하더라도 교사는 피해와 비난을 예방하는 것이 교사의 의무임을 명심한다.

• **앞의 변명에 대한 구체적 대처**

  – "항상 나만, 모두 나를 반대합니다." → "선생님은 학생을 반대하지 않아요. 선생님은 학생의 행동을 반대합니다." "선생님은 학생을 좋아하지만 학생의 행동은 용인하지 않을 겁니다."

  – "선생님은 너무 불공정합니다." → "학생에게는 불공정해 보일 수도 있지만, 유해한 행동을 처리하고 해결하는 것은 선생님의 의무입니다."

변명을 다루는 방법을 익히려면 연습을 해야 한다. 다음의 연습은 그 효과가 입증되었다. 학생들은 변명이 통하지 않는다는 것을 깨달으면 변명을 덜 할 것이다.

✎ 연습: 변명 다루기

목표: 학생들의 변명을 자신 있게 다루는 법을 학습한다.

시간: 20~30분

준비물: 없음

준비: 먼저, 학생들에게서 들은 변명이나 정당화를 적는다. 변명들을

유형별로 구분한다.

방법:

- 교사는 학생이 교사나 구체적 상황에 대한 변명이나 정당화를 위해 하는 말대꾸를 생각한다.

- 그 상황과 학생을 상상하며 생각한 문장(또는 짧은 문장)을 큰 소리로 읽는다. 처음에는 이상하게 들릴 수 있으므로 몇 번 반복한다.

- 학생 역할을 맡을 연습 상대를 정한다. 상대는 동료, 좋은 친구, 파트너 등이 될 수 있다. 상대에게 연습하고 싶은 상황 즉, 학생의 행동, 말 등을 설명한다.

- 이 상황에 맞게 연습한다. 연습 상대는 교사가 적은 대로 변명하고, 이에 대해 교사는 생각한 문장으로 대답한다. 연습 상대는 교사가 어떤 영향을 미쳤는지 피드백한다.

  – 목소리와 몸짓은 어떠했는가?

  – 말할 때 목소리와 속도는 어떠했는가?

  – 대화가 자신감 있고 차분해 보였는가?

- 이 단계는 여러 번 반복할 수 있으며 연습을 늘릴 수 있다.

- 자신감이 생기면 배운 것을 학생들에게 적용한다. 가능한 한 차분하고 편안한 마음을 갖도록 노력한다. 바르지만 대립적이지 않는 자세를 취한다. 만족스럽지 않으면 더 연습한다.

- 학생들의 변명에 대한 대처 방법을 점차 확대한다.

3) 집단괴롭힘 대처

집단괴롭힘(mobbing)은 오늘날 특히 학교에서 부풀려 사용하는 개념이다. '괴롭히다'와 '따돌리다'는 일상 대화에서 거의 동의어로 사용된다. 문헌에 따르면, 집단괴롭힘은 집단 내에서 높은 사회적 지위를 얻고 유지하기 위해 취약한 개인을 장기간에 걸쳐 반복적이고 조직적으로 괴롭히는 것을 의미한다.

집단괴롭힘은 항상 집단역동적 사건으로서, 사회적 약자가 강하게 보이려는 사람 또는 사람들의 비방, 놀림, 신체적 공격, 재산 피해 등으로 인해 '더 작아지게' 된다.

경멸하고 상처를 주는 행동이 일과처럼 일어나는 교실은 집단괴롭힘 역동에 취약하다. 그 이유는 권력위계(누가 주로 누구를 해칠 수 있는가? 누가 가장 신경 쓰이는가? 상처받는 것이 가장 재미있는 사람은 누구인가?)가 형성되기 때문이다. 교실에서 경멸하고 상처를 주는 행동이 이미 몇 달 동안 장기간 지속되면 집단괴롭힘이 발생할 수 있다. 하지만 교사는 집단괴롭힘을 쉽게 파악할 수 없다. 따라서 교실에서 어떤 일이 벌어지며 그 역동은 어떤지 자세히 살펴보아야 한다.

집단괴롭힘과 관련하여 주의할 사항은 다음과 같다.

- 한 명 이상의 집단 대변인이 있는가?
- 양측이 모두 싸움에 연루된 것이 분명한데도 이들만이 갈등상황에서 학생들로부터 즉시 지원을 받는가? (예: "A 학생은 아무

것도 할 수 없었습니다. 혼자 싸워야 했습니다. 그저 장난이었습니다." 이를 지원하는 집단은 변명을 하는 임무를 맡는다.)

- 가해 행동은 항상 동일인이나 동일 집단에게만 이루어지는가?
- 나서지 않고 간섭하지 않으며 전혀 관련이 없다는 신호를 보이는 학생집단이 있는가?
- 경멸하고 상처를 주는 행동에 맞선다는 의견이 줄어들거나 아예 침묵하고 있는가?
- 교사가 학급회의에서 가해 행동에 대해 언급하지만 학생들은 침묵하고 있는가?

질문의 반 이상에 "예"라고 답하면 확실히 집단괴롭힘이 있는 것이다. "예"라는 답변이 절반이 안 된다고 해서 안심할 수 있다는 의미가 아니다. 그 반대로 이제는 지속적으로 지도력을 행사하고, 특히 관리 원칙 3~5에 따라 수업을 하는 동료교사들과 대화하는 것이 중요하다는 의미이다. 집단괴롭힘과 관련 없는 개별대화를 여러 학생과 하는 것도 도움이 된다. 이런 대화는 학생이 싸움을 했거나 경범죄를 저질렀더라도 소환하기 위한 기회로 삼지 말아야 한다. 그 이유는 이 학생은 교사로부터 훈계를 기대할 것이고, 이에 대해 실천하지 않을 개선을 맹세할 것이기 때문이다. 이는 많은 학생이 대화에서 교사가 기대하는 것을 정확히 알고 있기 때문이다. 따라서 학생을 단순하게 대화에 초대해야 한다(p. 125 '관리 원칙 1' 참조).

이런 관계대화는 개방적이고 학생은 잘 지내고 있는지, 무엇을 좋아하는지, 그리고 어떤 어려움이 있는지를 듣는 것을 목표로 두어야 한다. 교사는 자세히 경청하고 적극적 경청 기법(pp. 178-184 참조)을 활용한다. 즉, 자신의 생각이나 가치를 내세우지 않고 학생의 생각과 감정을 자신의 언어로 반복한다. 교사는 가능한 한 개방형 질문을 하며 학생이 무슨 말을 하든 자신이 듣고 있다고 느끼게 한다. 이런 방식의 대화에서 학생은 비밀이 보장된 상태에서 수업 이외의 시간에 어떤 괴롭힘이 있었는지 알려 준다. 이를 통해 교사는 필요한 정보를 수집하여 집단괴롭힘의 실제 발생 여부를 판단할 수 있다. 교사는 다음과 같이 사전에 교실에서 관계대화에 대해 미리 알려 주는 것이 중요하다. "선생님은 여러분을 가르치는 교사로서 여러분과의 개별대화가 중요하다고 생각합니다. 따라서 다음 주에 여러분에게 개별대화 초대장을 보낼 것입니다. 여러분은 초대장을 받고 대화를 거부할 수 있습니다. 선생님에게는 여러분 모두가 중요하므로, 모두 대화에 응해 주길 바랍니다." 교사는 편안한 관계에 있고 학급생활을 잘하는 학생들과 먼저 대화한다.

예

관계대화는 다음과 같이 할 수 있다.

교사: A 학생, 벌써 왔네요. 자리에 앉으세요. 대화 시간은 ……까지 가능합니다(이어서 가벼운 대화를 한다). 교실에서는 편안히 이야기할 시간이 없어요. 학생의 생각을 듣고 싶어요. 우리 반에서 특

히 좋은 점은 무엇인가요?

A 학생: 우리 반은 모두 좋은 것 같습니다. 소풍도 정말 좋았고 친구도 사귈 수 있었습니다. 체육 시간도 재미있습니다. 체육 시간이 더 많았으면 좋겠습니다.

교사: A 학생은 우리 반에 만족하는 것 같군요. 반 학생들과는 어떤가요? 재미있나요?

A 학생: 예, 일부 친한 친구도 있지만 불편한 학생도 많습니다. 걔들은 정말 나빠요.

교사: 그게 무슨 소리인가요?

A 학생: 이름은 말씀드릴 수 없지만, 두 학생이 있는데 정말 뻔뻔스러워요. 걔들은 애들에게 쌍스러운 욕을 해요. 특히 X 학생을 괴롭힙니다. 물건을 빼앗고 걔 체육복을 숨기기도 해요. 그래서 아이들과 운동도 할 수 없었어요. 근데 체육선생님한테는 걔가 체육복을 잃어버리고 이상한 아이라고 했어요.

교사: 우리 반에 남의 마음을 상하게 하고 물건을 빼앗는 아이들이 있다는 거네요. X 학생이 놀림감인가요?

A 학생: 네, 저는 X 학생을 도와주려 했어요. 그런데 걔네들이 저를 괴롭혀서 다시는 돕지 않으려 합니다.

교사: 네, 잘 알았습니다. 피해를 보는 학생이 없어야 할 텐데. X 학생 편을 드는 것을 보니 학생은 용감하네요.

A 학생: 용기 내어 큰 소리로 말할 애들이 없어요.

교사: 우리 반 학생들이 서로 친하지 않다는 것으로 들리네요.

> A 학생: 선생님께서 X 학생이 학교생활을 잘 할 수 있도록 도와주
> 세요.
>
> 교사: A 학생, 솔직한 의견에 고마워요. 선생님이 이 일을 처리할 겁
> 니다. 시간이 좀 걸리겠지만, 잊지 않고 반드시 처리할 것이니 걱
> 정하지 마세요.

앞 예의 대화에서 교사는 의도적으로 X 학생을 괴롭히고 이미 교실에서 친사회적인 학생들을 침묵시킬 수 있었던 '여론 주도' 집단이 있다는 정보를 획득한다. 학급회의에서라면 아마도 A 학생은 "너무 위험해서" 이렇게 솔직히 말하지 않았을 것이다. 이 예는 또한 괴롭힘이 가끔 언어적으로 비방하는 수준을 넘었으며 교사와 X 학생의 평판을 떨어뜨리기 위한 것임을 보여 준다. A 학생은 이후 괴롭힘이 탈의실에서 이루어졌다는 단서를 제공했다. 탈의실은 집단괴롭힘이 가장 심하게 발생하는 장소이다. 여기에서 이 집단은 눈에 띄지 않으며 통제받지 않고 비교적 오랫동안 함께한다. 이 대화에서 교사는 의견을 제시하지 않는다. 교사는 적극적으로 A 학생의 말에 귀를 기울이고 A 학생이 반 학생의 행동에 대해 솔직히 말할 수 있도록 한다. 물론 이런 대화가 항상 성공하는 것은 아니다. 그러나 교실 내 괴롭힘을 교사에게 알려 주는 사람은 학부모 외에 반 친구들이다. 그럼에도 불구하고 교사는 한참 진행되고 있는 집단괴롭힘에 대한 허위 정보가 확산된다는 점을 항상 염두에 두어야 한다. 정확한 정보를 위해서는 주의 깊게 확인하는 것

이 중요하다.

이 예에서 우리는 시각 정보와 청각 정보가 아닌 구두 정보만 알 수 있다. 실제 대화에서는 학생의 신체 언어와 음성을 통해 많은 정보를 수집할 수 있으며, 이를 통해 약간의 훈련으로 학생의 진술이 신뢰할 수 있는지 여부를 평가하는 데 사용할 수 있다. 이를 위해 교사는 직관을 사용해야 한다. 앞의 예에서 교사는 A 학생을 자신의 평가를 신뢰할 수 있고 학급공동체에 관심을 갖는 진지한 대화 파트너로 간주한다. 따라서 이 대화가 끝나면 교사는 이 정보를 서랍에 넣지 않고 잘 관리할 것이라고 다짐한다. 또한 교사는 시간이 걸릴 것이라고 예감한다.

이제 교사는 무엇을 해야 하는가? 대개 교사는 집단괴롭힘에 대해 전문적 훈련을 받지 않았다. 따라서 몇 가지 간단한 지침을 살펴보면, 학생면담이나 학생, 부모 또는 동료교사의 연락 등으로 교실에서 집단괴롭힘의 징후를 확인한 경우 다음과 같은 단계로 대처할 수 있다.

(1) 침착하기

집단괴롭힘과 관련하여 실제로 심각한 실수를 할 수 있으므로, 즉시 어떤 일이 일어날 것 같은 감정이 들더라도 침착하고 신중하게 행동하는 것이 중요하다. 결과적으로 교실의 변화가 있기 위해서는 신중하고 철저한 계획으로 다음 단계들을 밟아야 한다.

(2) 관찰하기: 보고 들으라!

정보가 누구에게서 나오든, 항상 자신의 의견을 갖는 것이 중요하다. 이는 교실에서의 행동들과 상호작용들을 관찰할 기회를 만드는 것을 의미한다. 누가 무엇을 말하는가? 누가 정확히 무엇을 하는가? 다른 사람들은 어떻게 반응하는가? 어떤 집단이 형성되는지 관찰할 수 있는가? 제보자가 보낸 관찰 내용을 확인할 수 있는가?

여기서 관찰한다는 것은 먼저 평가하지 않는다는 의미이다. 영화는 무언가를 보여 주지만 판단하지 않는다. 판단은 시청자의 뇌에서만 이루어진다. 이와 같이 교사는 완전히 '중립적' 방식으로, 즉 좋음/나쁨 또는 옳음/그름을 따지지 않고 카메라처럼 일어나는 일들을 있는 그대로 포착하려고 노력한다.

이처럼 의식적으로 관찰하면 보고 싶은 것만 보게 될 가능성과 가해자와 피해자에 대한 결론을 성급히 내릴 가능성을 줄일 수 있다.

> **힌트** 🔍
>
> 교사는 '가해자' '피해자'라는 단어를 피하고 대신에 '행위자' '그것을 받는 사람들' 또는 '행동으로 고통받는 사람들'이라고 한다. 명백한 집단괴롭힘 상황에서는 유죄 또는 무죄의 의미에서 '가해자'와 '피해자'라고 낙인하기 불가능하다. 패턴으로서 사건의 의미가 더 도움이 된다.

(3) 첫 대화(적극적 경청과 질문)

첫 대화는 관계대화와 공통점이 많다(앞의 내용 참조). 첫 만남대화는 초기에, 예를 들어 학부모가 교사를 만날 때 이루어진다. 관계대화에서 집단괴롭힘의 단서가 포착되거나 학생이 교사에게 알리는 경우, 관련 학생과 첫 대화를 할 수 있다. 첫 만남대화는 특별히 섬세한 감정이 필요하다. 학생은 더 나아질 게 없을 것이라는 당혹감과 두려움 때문에 교사가 관찰할 것을 경시할 가능성이 매우 높다. 계획된 첫 만남대화에서는 대화 시작을 상세히 고려하고 첫 문장(인사, 주제)을 미리 준비하는 것이 가능하며, 이는 유용하다(예: "학생을 만나서 반가워요. 최근에 관찰한 내용들이 있어서 오늘 초대했어요. 이에 대한 학생의 생각을 듣고 싶어요."). 계획되든 아니든 다음의 절차는 그 가치가 입증되었다.

① 적극적으로 공감하면서 듣기

대화 상대가 어떤 말을 하든 가장 중요한 것은 경청이다. 관련 학생은 물론 학부모 또는 급우도 성급하고 자신을 불쌍히 여기는 사람이 아니라, 자신의 말을 진지하게 받아들이고, 좋은 조언은 하지 않고 경청하며, 겪은 경험에 대해 의문을 제기하지 않고, 자신의 감정을 표현할 수 있는 누군가가 옆에 있다는 느낌이 필요하다. 즉, 교사는 사실 측면에서 이해한 내용을 요약하고 그 배후에 있는 감정을 파악한다. 교사는 자신의 해석을 멈추고 대화 상대가 자신의 생각을 표현할 시간을 주며 침묵하더라도 기다린다.

② 정확히 무슨 일이 일어나고 있는지 이해하기

교사는 개방형 질문을 한다. "그건 단순한 사고가 아니었나요?"와 같은 암묵적 질문은 하지 않는다. 다음 질문에 대한 답변은 이후 진단의 기초가 된다.

- 다른 학생들이 괴롭히면 정확히 어떻게 되는가?
- 괴롭힘은 어디에서 일어나는가?
- 누구와 같이 괴롭히는가?
- 다른 학생들이 얼마나 자주 괴롭히는가?
- 언제부터 그들이 학생을 이렇게 대했는가?
- 그것을 막기 위해 학생은 무엇을 시도했는가?

이런 질문은 대화에서 적절히 조화롭게 해야 한다. 즉, 심문을 위한 질문 목록처럼 보이지 않도록 한다. 질문하면서 항상 적극적 경청을 하며 공감한다.

③ 더 넓은 길을 제시하기

교사는 첫 대화를 종료하기 앞서 대화 상대에게 앞으로 어떻게 진행할 것인지를 알려야 한다. 관련 학생과 대화를 하려면 이 학생이 다음 단계에 동의하는 것이 중요하다. 관련 학생들은 자신의 '사건'이 더 악화될 것을 두려워하기 때문에 더 이상 주목받지 않기를 바라는 것은 드문 일이 아니다. 이에 교사는 신뢰를 얻으려고 노력하며 관련 학생과 아무 것도 하지 않는다면, 그로 인한 결과가 어떠할지를 관련 학생과 고려할 수 있다. 물론 대개 좋아지기보다 더 악화된다. 그러나 학교는 상황이 실제로 개선되도록 해야 한다. 학부모와의 대화에서는 이제 학부모와 학교가 긴밀하게 신뢰할 수 있는 협력이 필수적이라는 것과 지속 가능한 개선을 위해서는 시간이 필요하며 학교는 모든 단계를 학부모에게 계속 알릴 것을 분명히 해야 한다. 또한 가까운 장래에 자녀가 전학하기로 이미 결정했는지를 공개적으로 물어야 한다. 전학하기로 했다면 기존의 시간과 노력이 많이 드는 복잡한 집단괴롭힘 개입을 계획하는 것은 의미가 없으므로, 학생이 학급을 떠나면 남은 학급 학생들과 함께 상황을 처리해야 한다.

> **힌트** 🔍
>
> 대화 시 정확히 어떻게 할지 모르면 다음 절차를 밟기 전에 진단과 그에 따른 계획을 세운 후 대화를 속개한다.

상황이 집단괴롭힘인지 확실하지 않으면, 교사는 관련 학생에게 정확히 어디서 누구와 무슨 일이 일어나는지를 일기로 쓰도록 하고, 예를 들어 2주 후 후속 대화를 약속한다.

(4) 동료교사들과 상의하고 교장에게 알리기

첫 대화에 이어 과목교사들과 상의하는 것이 중요하다. (그들은 무엇을 관찰하는가? 무엇을 알고 있는가? 경우에 따라서는 관찰 내용을 배분하여 평가할 수 있다.) 특히 체육교사(탈의실 사례 참조)와 미술교사의 관찰 내용이 중요하다. 그 이유는 창고, 미술실 등 이들 과목과 관련된 공간에서 괴롭힘이 일어날 수 있기 때문이다. 담임교사는 평가가 아니라 관찰 내용을 요청해야 한다. 예를 들어, "X 학생은 나에게 있을 수 없는 행동을 합니다."가 아니라 "C 학생과 D 학생이 X 학생에게 환경미화원 같다고 하자 X 학생이 C 학생에게 의자를 던졌다."가 관찰 내용이다.

선별된 조치를 위해 동료교사와 상의하고 지원을 받는 것은 집단괴롭힘을 차단하는 데 매우 중요하다. 이 시점에서 학교장도 보고를 받아야 하며, 필요한 경우에 관여해야 한다. 외부전문가가 참여하는 조치를 취하는 경우에 학교장의 관여는 필수불가결하다. 학교장은 대외적으로 책임을 져야 하므로 향후 절차에 대해 알고 지원해야 한다.

① 진단

모든 정보가 수집되면 초기 진단이 이루어져야 한다. 과연 이 상황이 정의된 것처럼 집단괴롭힘인가? 다음 진단 질문을 사용하여 모든 사실을 정리할 수 있다.

- 정확히 무슨 일이 일어나고 있는가?
- 누가 관련되어 있는가?
- 어디에서 발생하는가?
- 얼마나 자주 발생하는가?
- 언제부터 발생했는가?

이 정보들을 바탕으로 진단한 다음 결정한다. 교사는 자력으로 개입할 수 있는가? 집단괴롭힘이 최대 4주간 진행되고 공격이 매

일 이루어지지 않으며 많은 학생이 피해 학생을 지원하는 경우에
는 자력으로 개입할 수 있다. 교사는 내부 또는 외부 지원이 필요
한가? 즉시 학교 내 가능성(예: 상담교사 등)을 고려하고 필요한 경
우 개입하도록 한다.

특히 심각한 경우에는 외부전문가(예: 갈등관리전문가 등)를 초대
하는 것이 좋다. 외부의 관점으로부터 새로운 자극을 받고 학부모
와 학생들이 '중립적으로' 인식하기 때문에 교실 개입은 종종 외부
인이 하기 더 쉽다.

② 개입 계획

진단 후에 처방을 한다. 진단 결과, 집단괴롭힘 역동이 아직 확
실하지 않지만 학교가 자체 자원으로 적극 나서려 한다면, 적절한
조치를 계획해야 한다. 이를 위해 이 장에서 상처를 주고 경멸하
는 행동을 하는 학급에 대한 조치 전략을 참고할 수 있다(pp. 123-
138 참조). 그러나 많다고 항상 도움이 되는 것은 아니므로 모든 것
을 동시에 하는 것을 삼간다.

> 힌트 🔍
>
> 교사는 모든 교사와 함께 '교실관리 관련 특별 조치'(예: 경멸적이고 상처
> 를 주는 행동 다루기)와 학급 관련 조치(예: 팀개발 게임)를 결정한다. 이렇게
> 하면 동시에 많은 괴롭힘 현장에 있어야 하는 것을 피할 수 있다.

진단 결과를 바탕으로 외부 지원을 받는 것이 합리적이라고 판

단되면, 다른 학교의 동료나 교육청, 상담센터 또는 기타 전문기관
을 찾아 문의해야 한다. 사례에 따라 외부전문가가 제시하는 개입
방법은 다음과 같다.

- 비힐책적 접근(no blame approach)
- 체계론적 집단괴롭힘 개입
- 대립 방식

모든 방법은 올바르게 진행되어야 효과적이다. 외부전문가는 학
교장을 포함하여 교사와 자세한 사전 면담을 하고 사실에 근거하
여 적절한 방법을 선택한다. 경험에 따르면, 어려운 경우에는 수업
을 하는 교사들이 외부전문가와 협력하여 몇 달 동안 개입에 적극
적으로 함께해야 할 수도 있다.

③ 행동

계획 후에는 행동이 따른다. 개입 방법을 결정했으면 개입해야
한다. 포기하지 않고 적극적으로 행동하고 인내심을 보여 주는 것
이 중요하다. 포기하지 않고 지속적으로 시도해야 내재된 패턴을
바꿀 수 있다.

④ 진행 상황 관찰 및 동행

계획된 조치로 즉시 변화가 있는지를 확인해야 한다. 이를 위해
피해학생, 동료교사 그리고 필요한 경우 학부모와 대화를 계속해

야 한다. 2주 이내에 '모든 것이 괜찮을 것'이라고 기대해서는 안
된다. 오히려 소소한 개선사항을 주목하고 강화해야 한다. 동시
에, 후퇴하거나 악화되어도 포기하지 않고 무조건 계속해야 한다.
즉시 상당한 개선이 있는 경우에도 마찬가지이다. 이는 바람직한
현상이며 선택한 조치가 효과 있다는 것이다. 그러나 목표는 패턴
의 지속적인 변화이며, 이 변화는 조치가 장기간에 걸쳐 영향을 미
칠 경우에만 성공한다. 학생들은 종종 자신들의 경험에 따라 어른
들은 많은 노력으로 실제 조치를 취할 것이라고 생각하지만, 어른
들은 그 조치를 유지할 수도 있으나 중단할 수도 있는 힘을 가졌다
고도 생각한다.

힌트 🔍

- 조치를 취함에 있어 교사는 최소한 계획 단계에서 동료교사들과 합의한
  시간을 준수한다.
- 피해 학생에게 개선된 것이 없으면 외부 지원을 받거나 다른 개입 방법을
  적용해야 한다.
- 이 모든 단계에서 교사는 절차, 토론 및 조치를 기록하고 합의된 내용에
  따라 관련자(피해 학생, 학부모, 학교장)에게 알리는 것을 잊지 말아야
  한다.
- 모든 대화 결과를 간략히 기록한다. 기록하면 다른 조치(교육 또는 제재조
  치)를 고려해야 하거나 절차에 대해 질문이 있는 경우, 교사와 학교장은
  더 쉽게 처리할 수 있다.

제 5 장

학생–교사 갈등: 학생의 문제 제기

1. 갈등 유형 인식

사람들이 함께하는 곳에서는 서로 소망과 욕구가 다르기 때문에 갈등이 발생한다. '교실' 체계에는 서로 다투고 싸우는 학생들만 있는 것이 아니라 교사들도 이 체계에 속해 있다. 따라서 교사와 학생 사이에 갈등도 있기 마련이다. 학생과 교사 사이에는 역할에 따른 힘의 불균형이 있기 때문에 이런 갈등은 대개 잠재되어 있거나 다른 곳에서 표출되기도 한다. 교사와 학생 사이의 갈등은 여러 방법으로 관리할 수 있다. 교사는 권력을 이용하여 학생이 이해관계를 포기하도록 강요할 수 있다. 하지만 학생에게는 이런 힘이 없다. 학생은 건설적인 갈등해결을 위해 교사에게 의존한다. 학교에서 갈등을 어떻게 관리하고 교사가 갈등을 어떻게 다루는가에 따라 학생들의 갈등대처 방법도 다양하다. 학생은 보통 교사와 대화할 수 있는지, 또는 갈등해결이 책임전가로 바뀌어 손해를 볼 수 있다는 것을 잘 알고 있기 때문에 대화를 포기할 것인지를 알고 있다.

이러한 힘의 불균형은 위계가 뚜렷한 상황에서 갈등 이미지에 투영된다. 미해결 갈등이 장기화되면, 교사는 힘의 불균형을 정반대로 인식할 수 있다. 그러나 이런 경우에는 처벌이나 인신공격으로 갈등을 심화시키는 것보다는 근본적 갈등이나 문제를 해결하는 것이 가장 좋은 방법인지를 주의 깊게 확인하는 것이 중요하다.

[그림 5-1] 학생과 교사의 갈등

갈등 사례

- 교사가 과제물을 돌려주며 평가 결과를 알리자, A 학생이 자신의 점수를 보고 큰 소리로 경멸하듯이 웃으며 벌떡 일어나 소리친다. "이건 너무 불공평합니다. 주사위를 던져 성적을 내신 거지요!"
- 교사가 B 학생에게 수업규칙을 상기시키자 B 학생이 격분하여 답한다. "선생님은 왜 저에게만 그러세요. C 학생과 D 학생이 말할 때는 아무 말도 하지 않으시면서 저에게만 그러세요. 선생님은 저만 미워하는 게 분명해요."
- 휴식 시간에 담임교사가 수학교사에게 말한다. "선생님, 우리 반 학생들에 물으니 선생님 수업에 불만족한다는 답이 많았습니다."

교사는 원한다면 바로 다음과 같은 작은 실험을 할 수 있다.

 실험: 갈등 인지

목표: 전문직업적 교사로서 갈등 인지

시간: 10분

준비물: 필기구, 메모지

방법: 메모지와 필기구를 준비하고 1번부터 6번까지 각 질문에 대
한 답을 메모지에 솔직하게 적는다.

1. 다음 사례를 읽는다.

> 교사가 B 학생에게 수업규칙을 상기시키자 B 학생이 격분
> 하여 답한다. "선생님은 왜 저에게만 그러세요. C 학생과 D 학
> 생이 말할 때는 아무 말도 하지 않으시면서 저에게만 그러세
> 요. 선생님은 저만 미워하시는 게 분명합니다."

앞의 사례를 다시 한번 읽는다. 사례 속 교사의 입장에서 생각해
본다. 이제부터 사례 속 교사이다. 어떤 감정이 드는지 메모지에
적는다.

2. 생각했던 감정이 들 수 있다. 머리에 자연스럽게 떠오르는 것을
감지한다. 부적절하거나 불쾌하더라도 평가하지 않고 모든 생각
을 적는다.

3. 즉시 반응해야 한다면, 어떤 말을 하거나 무엇을 할 것인지를 깊이 생각하지 않고 적는다.

4. 앞의 사례를 다시 읽는다.

   이제 교사로서 전문직업적인 '나'를 소환한다. 이를 위해 스위치를 상상하거나 전문성을 뜻하는 그림을 활용한다. 나는 최고의 전문직업적 교사로서 이 스트레스 상황에서 벗어날 수 있는 모든 자원을 가지고 있다.

   무언가 변한 게 있는지 탐색한다. 변한 것이 있다면 무엇이 변했는가? 어떤 감정이 드는지를 적는다.

5. 어떤 생각이 드는지를 적는다.

6. 나는 전문직업적 교사로 행동하려면 어떤 말을 하고 무엇을 해야 하는지에 대한 답을 적는다.

이 작은 실험으로 교사는 자신이 연루된 갈등상황에서 내면에 무엇이 일어나는지 알 수 있다. 1~3단계는 자동적이어서 많은 생각을 하지 않는다. 1~3단계와 4~6단계의 차이를 발견하면 어떤 단계가 생산적 갈등해결에 도움이 되는지 알 수 있고 교사 스스로 바꿀 것을 정할 수 있다.

이 연습으로 교사로서 나 자신에 대해 질문하고, 이를 통해 계발하고 성장할 수 있다.

1) 갈등신호

학생이 교사와 갈등이 있음은 다음과 같이 드러날 수 있다.

- 학생이 교사와의 문제를 직접 말한다. 학생의 어법은 사실적이고 적절할 수도 있고, '참기 힘들' 수도 있다.
- 학생이 교사에게 '불공정'하거나 '불공평'하다며 비난한다.
- 학생이 친구, 좋아하는 교사, 부모 등에게 도움을 청한다. 이는 학생이 교사와 문제가 있다는 신호이다.
- 학생이 교사를 비방한다.

2) 경보신호

갈등은 정상이며, 일반적으로 갈등당사자들이 해결할 각오가 되어 있다면 해결될 수 있다. 다음의 경보신호는, 가령 갈등을 제삼자가 상세히 살필 필요가 있거나 다른 역동이 있음을 의미한다.

- 많은 학생이 교사를 '불공정'하거나 '불공평'하다고 비난한다.
- 한 학생이 수업을 거부한다.
- 대규모 학생집단 또는 반 학생들이 자신들의 본분을 받아들이지 않는다.
- 학생집단 또는 반 학생들이 교사를 언어적으로 공격하거나 조롱한다.

2. 교사의 역할과 자세

점수에 동의하지 않거나 불공정한 대우를 받았거나 특정 수업을 불평하는 학생은 자신의 문제해결을 위해 적극적이어야 한다. 하지만 문제해결을 위해서는 다른 사람, 즉 교사가 필요하다. 따라서 학생은 교사에게 문제해결을 위한 도움을 요청한다. 이런 요청은 갈등 없이 자주 발생한다. 교사와 학생의 욕구나 가치가 충돌하면 갈등이 발생한다. 학생은 자신의 문제를 교사에게 알리기 위해 말로 표현해야 한다. 하지만 교사가 보기에 학생은 적절한 용어를 사용하기 쉽지 않다. 교사는 학생의 말을 공격, 모욕, 과목에 대한 문제 제기 또는 도발로 '듣는다'. 이로써 실질적 사안이 개인적 사안으로 바뀌면서 문제의 중첩 현상이 일어난다. 이로 인해 최악의 경우 학생과 교사 사이에 해소될 수 없는 사적인 불화가 발생한다.

이런 상황에서 어떻게 대응하거나 벗어날 것인가? 첫 번째 단계는 교사가 자신의 전문적 권한, 지위, 지식 및 경험을 바탕으로 항상 생산적 갈등해결을 위해 책임을 다하여 함을 인정하는 것이다. 교사는 학생에게 다가가서 갈등해결을 위한 절차를 이끌어 가며 새로운 관계 형성을 시도해야 한다. 하지만 비방하거나 비열한 행동을 한 학생에게 다가가기 쉽지 않다. 복수심은 인간적으로 이해할 수 있지만, 정신건강 차원에서 가족이나 친한 친구 또는 상담에서 다룰 사안이다. 교사는 책임을 지고 자신과 관련된 갈등에 대해 조정자로서 전문적 역할을 해야 한다.

이를 위해서는 비판에 대해 자기성찰과 함께 전문직업적 대처가 필요하다. 어떤 사람들은 문제에 대한 사실적 표현을 자신에 대한 비판으로 해석하기도 한다. 더 깊이 살펴보면, 이는 원가족에서 겪은 비판과 많은 관련이 있다. 문제에 대한 언급에 예민하고 즉시 역공으로 맞선다면, 자신의 성격을 상세히 살펴서 비판에 대해 전문적으로 대처하는 방법을 익혀야 한다. 여기서 '전문직업적'은 다음을 의미한다.

- 조용히 상대방의 말을 끝까지 경청한다.
- 침착하고 적당한 거리를 두고 사안을 바라본다.
- 감정을 조절한다.
- 내적 균형과 거리감을 유지한다.

이런 전문직업적 거리두기(professional distance)를 통해 적극적으로 자신의 자원을 찾을 수 있으며 공격행동 이면에 있는 동기도 파악할 수 있다. 이런 자세를 취하려면 '전문직업적 모드'로 가는 자신만의 스위치를 상상하면 도움이 된다. 상대방도 '전문적 거리감' 이미지를 상상하면 나-상태로 갈 수 있다(pp. 165-166 '실험' 참조). 전문직업적 거리두기는 모두가 스스로 찾아야 한다. 교사로서 자산에 대한 비판에 대한 반응, 화를 내는 지점, 중요한 가치 등에 대해 알게 되면 전문직업적 성격을 함양할 수 있다.

예를 들어, 언어적 공격으로 깊은 상처를 입거나 수업 시간에 학생이 불공정한 대우를 받았다고 분노를 폭발하여 자신의 중요한

가치가 유린되는 상황이라면 '전문직업적 거리두기' 모드로 전환
은 불가능하며 바람직하지도 않다. 개인적 상처가 크면 전문직업
적 거리두기를 하기 어렵다. 이런 경우에 신체는 분노, 분개, 실망
감과 함께 "나는 참을 필요가 없다." 또는 "지금은 불가능하다."라
는 경고를 보낸다. 이런 개인적 상처의 한계를 정하고, 이를 적절
하게 표현하는 것이 중요하다. 갈등이 고조되지 않으려면 교사는
당혹감에 학생에게 부적절해 보이는 행동을 자제해야 한다.

　학생이 어떤 행동을 하고 어떤 언어를 쓰든, 그리고 개인적 상처
와 상관없이 교사는 갈등을 생산적이고 완화하는 방향으로 관리하
는 표본이 되어야 하고, 존중하는 마음으로 적절하게 대화해야
한다.

힌트 🔍

　교사는 친구와 함께 자신이 갈등이 있을 때 쓰는 단어들을 살펴본다. 우
리는 이 단어들의 부정적 영향을 잘 모른다.

　학생과 교사 사이의 기본 자세로는 칼 로저스(Carl Rogers; 내
담자 중심 상담)가 강조한 '일치성(congruence)' 또는 '진실성
(authenticity)' '공감' '존중'이 중요하다. 일치성은 내면과 외모가 같
으며, 자신을 느끼고 자신의 감정을 인식하며 온전한 사람으로 진
실하게 존재하는 것이다. 학생과 갈등이 있는 경우, 교사는 자신의
감정에 진실하고 적절한 언어로 그 감정을 표현한다.

　공감하는 자세는 상대방의 입장에서 느끼고 그의 눈으로 세상을

보며 평가가 하지 않고 그의 행동 동기를 이해하며 그와 함께하는 것이다. 갈등에서는 교사가 학생의 눈으로 문제를 보고, 자신과 견해가 다르더라도 먼저 학생의 입장을 따지지 않고 이해한다. 존중은 상대방을 조건 없이 인간으로 인정하고 그가 어떤 감정이나 행동을 보이더라도 배려하는 것이다.

이런 진실하고 공감하며 존중하는 자세가 타협할 수 없는 전문 직업적 기본 자세여야 한다. 즉, 학생과 갈등하는 교사는, 예를 들어 성적 평가를 통한 압력이나 성적을 비난하는 것처럼 자신의 힘을 남용하지 않고 학생들을 비방하거나 모욕하지 않으며, 다른 행동으로 갈등을 고조시키지 말아야 한다. 이것은 종종 쉽지 않다.

1) 함정

(1) 자신의 견해만 '옳고' '진실'이다

어떤 유형의 갈등이든 한 갈등당사자가 자신만 옳고 자신의 견해만 유일하게 의미 있기 때문에 대화가 필요 없다고 주장하면 해결할 수 없다. 교사가 학생과 갈등에서 이런 입장을 취하면, 학생은 곧바로 입을 다문다. 학생은 자신의 관심사는 제쳐 두고, 기껏해야 교사를 '더는 대화할 수 없는' 사람으로 간주하여 무시하거나 앙갚음할 수 있는 기회만을 엿본다. 교사는 자신의 입장을 확신하지만 다른 입장이나 견해도 그 나름대로 근거가 있을 수 있다. 자신의 의견만을 옳다고 하면 시야가 좁아지고, 갈등은 일반적으로 자신의 신념만 광신적으로 옹호하는 단계로 악화된다.

〈대처 방법〉

교사는 문제에 대한 자신의 생각이나 견해가 자신의 개인적 관점임을 분명히 한다. 학생도 교사와 마찬가지로 타당하다고 믿는 견해를 가지고 있음을 깨달아야 한다. 학생도 당연히 자신의 견해를 주장할 수 있음을 진지하게 인정하고, 이를 말로 표현하는 순간 갈등역동은 변하고 서로 다가가기가 더 쉬워진다. "학생은 문제를 선생님과 다르게 보네요. 학생의 관점을 선생님에게 다시 한번 설명해 주세요."

(2) 듣지 않고 즉시 정당화한다

누군가 문제를 제기하면 비판이나 공격으로 이해될 수 있으며, 많은 사람에게 다음과 같은 상황이 벌어진다. 상대방이 한 마디도 하지 않았는데 벌써 그의 말에 대한 일련의 해석, 의미, 평가가 머리에 떠오른다. 그리고 귀를 닫고 해석, 의미, 평가가 계속되면서 상대방의 말은 들리지 않는다. 이와 동시에 상대방이 이야기를 끝마치기 전에 반대 주장을 하거나 자신의 행동을 정당화한다. 상대방이 비판하면 나에게 어떤 상황이 일어나는지 살핀다. 어떤 상황이 벌어지는 것은 당연하지만, 상대방의 중요한 말이나 생각을 놓칠 위험이 있다. 즉시 방어 행동을 하면 문제와 상대방의 욕구가 무엇인지 이해할 수 있는 기회를 잃는다. 앞에서 언급한 첫 번째 갈등 사례인 "이건 너무 불공정합니다. 주사위를 던져 성적을 내신 거지요!"에서 교사는 학생의 말을 듣지 않고 채점을 어떻게 했는지 설명하고 대화를 했으나, 이해는 이루어지지 않았다. 이는 교사가 정작 학생의 생각이 무엇인지, 그렇게 말한 동기가 무엇인지 파악하지 않기 때문이다. 채점 방법은 갈등해결 과정에서 설명할 수 있지만 갈등대화 초기에 하면 오히려 서로 이해하는 데 방해 요소로 작용한다.

〈대처 방법〉

　기꺼이 끝까지 경청하고 대답하기 전에 잠시 휴식 시간을 갖는다. 교사가 즉시 방어행동을 하지 않으면 학생은 더 말하고 싶을 수도 있다. 교사는 충분히 연습하지 않으면 처음에는 정당화하려는 충동을 자제하고 학생의 말에 집중하기 어렵다. 이런 경우, 신체적으로 편안한 자세를 취하고 심호흡을 한다. 대답하기에 앞서 휴식 시간에 생각을 정리하고 할 말을 정리할 수 있다. 휴식 시간을 학생을 이해하는 계기로 삼는 것이 유용하다. 정당화나 설명 대신에 학생을 보고 자신이 이해한 내용을 반복하거나(pp. 178-184 '적극적 경청' 참조) 깊이 있는 질문을 한다("학생은 무엇이 불공평하나요?"). 그리고 자신의 목소리에 주의한다. 목소리는 자세에 따라 달라진다. 교사는 공격적이지 않은 편안한 자세를 취함으로써 태연한 모습을 보인다. 이를 위해서는 연습이 필요하다.

예

담임교사: 선생님, 지난 A반 학급회의에서 학생들이 선생님의 수업에 불만을 제기했습니다.

과목교사: 제 수업을 어떻게 비판하던가요?

담임교사: 많은 학생이 과제를 정확히 이해할 수 없다고 합니다. 그래서 수업 종료 10분 전에 과제를 설명해 달라고 합니다.

과목교사: 네, 하지만 수업 10분 전에 과제를 설명하면 수업 시간이 부족합니다.

담임교사: 그러면 5분 전쯤에 하면 어떨까요?

과목교사: 네, 하지만 학생들도 정신 차려 들어야 할 것입니다.

담임교사: 선생님, 그럼 다음 수업 시간에 학생들과 자세히 의논할 수 있겠군요.

과목교사: 네, 그러나 학생들이 제대로 듣지 않을 겁니다.

(3) 네, 하지만…….

'네, 하지만 게임'은 문제 또는 갈등에 대한 대화에서 자주 일어나는 현상으로 '경청하지 않고 정당화'하는 또 따른 방법이다.

〈대처 방법〉

교사는 '네, 하지만 게임'이 진행된다는 것을 감지하면 즉시 의식적으로 두 번째 '네, 하지만 게임'을 멈춘다. 교사가 '네, 하지만'을 하는 사람이면 앞의 예와 같은 함정에 빠진다. 이 함정에 빠지지 않기 위해 교사는 의식적으로 경청하고 자신이 이해한 내용을 반복하고 경우에 따라 질문한다("네, 학생들이 제 수업과 관련하여 문제가 있군요. 정확히 어떤 비판이 있었나요? 학생들은 제가 좀 일찍 과제를 내 줄 것을 원하는 군요. 제가 설명을 충분히 하는 것을 원하는 것 같습니다. 저도 다시 한번 생각해 보겠습니다. 그러고 나서 학생들과 대화하고 싶습니다. 선생님, 제가 학급회의에 참여하길 바라시고 학생과 대화를 진행하시려는 것이지요?"). 교사가 아니라 대화 상대가 '네, 하지만 게임'을 하면 더 힘들어진다. 교사는 '네, 하지만 게임'을 하며 안간힘을 써서 여러 방안을 제안하지만, 상대방은 여러 주장을 펴며 거부할 것이다. 이와 달리, 교사가 가장 쉽게 할 수 있는 것은 방안들을 제안하는 대신에 무슨 일이 일어났는지 알려 주고 문제해결의 책임을 상대방에게 넘기는 것이다("선생님은 학생들과 저의 제안을 거부하신 것 같습니다. 그 이유가 있다고 생각합니다. 선생님은 이 문제를 어떻게 해결하길 바라시나요?").

문제해결에 접근하지 못하고 이런 식으로 될 수 있다. 아마 담임교사는 언젠가 포기하고 학생들도 교사들처럼 좌절할 것이다.

(4) 격렬한 논쟁, 권력다툼, 개인적 불화

학생과 교사가 앞과 같은 함정에 빠져 자신의 의견만 내세우며 상대방의 변화를 요구하면, 갈등에 대한 해답을 찾을 수 없다. 갈등은 심화되고 원래 동기와 문제에서 벗어나 다른 사안과 연계되어 반복된다. 교사의 점수에 불만 있고 교사가 자신의 요청을 들어 주지 않는다는 학생은 교사가 평가했기 때문에, 즉 교사가 권력이 있기 때문에 그 점수를 받아들여야 한다. 하지만 이 학생은 다른 사안으로 갈등을 유도할 것이다. 예를 들어, 주제와 상관없는 질문을 하거나 교사에 대해 험담을 하거나 다른 자리에서 수업을 비난할 것이다. 이에 대해 교사도 더 큰 힘을 써서 반응할 것이다. 이 중 어느 것도 의식적이지 않지만, 교사와 학생은 갈등의 회오리에 휩싸여 결국에는 권력투쟁과 개인적 불화를 겪게 된다. 양측은 상대방을 제거하기 위해 지원군(동료학생, 부모, 친구 등)을 모으려 한다. 이렇게 진행되면 이 갈등역동에서 벗어날 수 없다.

〈대처 방법〉

교사는 '힘들고 불가능하거나 도발적'이라고 느껴지는 학생에 대한 자신의 자세를 규칙적으로 점검한다. 교사는 성인이고 전문가로서 명료함은 엄격함, 비타협 또는 처벌을 의미하지 않음을 명심한다. 또한 자신이 학생의 견해에 동의하지 않더라도 진지하게 듣고 받아들였다고 해서 용서한 것은 아니다. 가능한 한 다음의 유용한 전략을 활용한다. 학생과 권력투쟁에 돌입했지만 이를 해결하고 싶다면 동료교사, 상담사 등 주위에 도움을 요청한다.

3. 유용한 전략

다음에서는 교사와 학생 간 갈등에 대한 전문적 관리 방법을 제시하고자 한다. 교사와 학생 사이에 많은 갈등이 학부모와 교사 간 갈등으로 번진다.

한 학생이나 학생집단은 문제가 있으면 그 문제를 제기할 방법을 찾는다. 다른 욕구, 가치 또는 목표를 가진 교사는 학생을 공감하지 못하고 학생의 말을 모욕적으로 듣는다. 이로 인해 갈등이 발생한다. 어떤 경우이든, 교사는 스위치를 '전문직업적 거리두기' 방향으로 전환할 수 있는지, 학생의 문제를 차분하고 침착하게 해결하거나 개인적 관심사가 너무 커서 자신의 감정과 생각을 먼저 정리해야 하는지, 즉 경계를 정하거나 적절히 대처하거나 중단이 필요한지를 결정해야 한다. 다음에 제시하는 전략들은 학생의 문제와 관심사를 인식하고, 학생을 그의 관심사와 함께 진지하게 받아들이며(종종 갈등은 없고 문제만 있다는 것을 깨닫는다) 기존 갈등을 패배자 없이 해결하는 데 도움을 준다. 한편, 이 전략들은 개인적으로 당황스러울 때 적절히 대처하도록 도와준다. 전략들은 [그림 5-2]과 같이 정리할 수 있다.

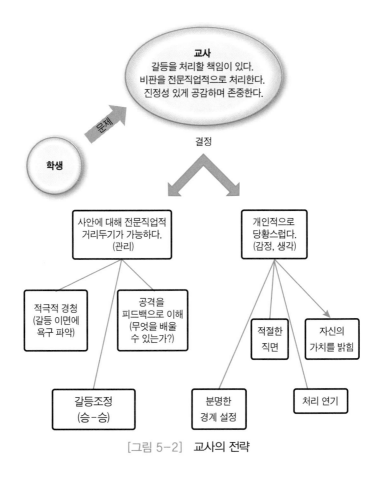

[그림 5-2] **교사의 전략**

1) 적극적 경청

공감적 또는 적극적 경청은 칼 로저스가 내담자 중심 상담에서
개발한 방법으로서, 이후 여러 전문가에 의해 발전하였다. 토머스
고든(Thomas Gordon)의 대화 및 갈등해결 모델에서도 적극적 경
청은 매우 중요한 요소이다.

그렇다면 적극적 경청이란 무엇인가? 기계적 듣기와 달리 경청은 몸을 대화 상대방으로 향하고 상대방이 말로 의미하는 것이 무엇인지 이해하려는 의지를 의미한다. 적극적이고 공감적 태도는 인지적 차원에서 실질적 정보뿐 아니라 상대방의 감정과 욕구를 인식하고 상대방의 입장에서 듣는다는 것을 의미한다.

적극적 경청은 상대방을 이해하려고 해야 제대로 이루어진다. 부정적 감정으로 인해 상대방을 존중하지 않고 상대방과 함께할 수 없으면, 경청을 미루거나 분명한 경계선을 정하는 것이 더 낫다. 적극적 경청은 기술이면서 태도이기도 하다. 하지만 먼저 적극적 경청을 기술로 배울 수 있다. 즉, 역할극이나 이론적 사례를 통해 연습하고 시도할 수 있으며 실생활에서 경험을 축적하고 이로 인해 변할 수 있다.

적극적 경청 '기법'은 어떻게 작용하는가? 메시지를 받는 청자는 대화 상대방의 감정과 말하는 내용을 이해하려고 한다. 이해한 상대방의 감정과 내용을 자신의 말로 대화 상대방에게 전달한다. 이때 조언, 평가, 판단, 의견 등 자신의 어떤 것도 제공하지 않는다. 대화 상대방은 청자가 자신이 말한 내용을 다르게 이해했으면 수정하거나 청자의 말에 동의할 수 있다. (학생이 "완전히 불공평합니다. 주사위로 성적을 매긴 것 같습니다!"라고 말하자 교사는 "학생은 성적에 동의하지 않고 부당한 대우를 받았다고 느끼는군요?"라고 반응한다).

적극적 경청을 기법으로 배우면, 처음에는 오랜 기간 다르게 말을 해 왔고 교사로서 수업과 평가를 했기 때문에 이상한 느낌이 든다. 그러나 적극적 경청을 자주 시도한 교사는 마음의 문을 닫거나 힘든 학생들이 갑자기 마음을 터놓는 놀라운 경험을 하게 된다. 교사도 상대방이 정말로 진지하게 자신의 말을 경청하면 얼마나 좋은지 직접 시도해 볼 수 있다. 적극적 경청은 간단한 연습만으로도 그 효과가 크다. "상대방이 내 말을 잘 들어줄 때 기분이 좋다." "나는 대화 상대방이 내가 생각한 것과 완전히 다르게 이해하고 있음을 알았다. 그래서 나는 다르게 말할 수 있었다." "대화 상대방이 자신이 이해한 내용을 반복했을 때 갑자기 문제를 해결할 수 있는 방법이 명확해졌다."

적극적 경청은 무엇보다도 상대방을 움직이는 것이 무엇인지 진정으로 이해하려는 의지를 나타낸다. 대화 상대방은 자신이 진지하게 받아들여지고 있다고 느낀다. 이로써 대화 상대방과의 관계가 호전되어 싸울 필요 없이 서로 이해하는 데 집중하게 된다. 또한 수정이 가능하기 때문에 대화에서 흔히 발생하는 오해를 피하는 데 도움이 된다. 오해는 악의적 도발로 해석되지 않고 즉시 풀 수 있다. 적극적 경청은 생각을 정리하는 데도 도움이 된다. 상대방이 호의적으로 저의 없이 경청한다는 것을 알면 생각이 정리된다. 적극적 경청을 통해 피드백을 하는 동안 추가 설명을 하고 종종 문제의 해결 또는 추가 처리에 대한 완전히 새로운 아이디어가 떠오른다.

 연습: 적극적 경청

목표: 적극적 경청 기술을 해보고 경험을 나눈다.

시간: 20분

준비물: 없음

방법:

1. A와 B가 서로 마주 앉는다.

2. A가 자신의 직업 또는 일상과 관련한 상황을 말한다.

3. A가 일부 이야기를 하면 잠시 쉬고 B가 이해한 내용과 느낀 감정

   을 전한다.

• 적극적 경청을 할 때 쓰는 시작 문장

  – 당신은 …… 느끼는군요.

  – 당신에게는 …… 보이는군요.

  – 당신의 입장으로는…….

  – 당신한테는…….

  – 당신은 ……라고 생각하는군요.

  – 당신은 ……라고 느끼는군요.

  – 당신의 관점으로는…….

  – 나는 당신이 ……한다는 것을 들었습니다.

  – 당신은 …… 인해 화난/걱정하는/불만족한 것 같습니다.

  – 다시 말하자면…….

  – 당신은 ……을 말하는군요.

  – 제가 당신을 이해한 것처럼…….

• 내용과 감정을 의문형으로 표현

  – ……이 사실인가요?

- 저는 ……인지 궁금합니다.

- ……이 가능한가요?

- 당신은 ……같군요?

- 당신이 ……한 것처럼 들립니다.

- 당신은 …… 때문에 화가 나는군요?

4. A가 계속 말한다. 약 5분 후에 B가 말한다.

5. 이어서 연습을 통한 경험과 깨달음을 나눈다.

힌트

다른 상황에서 다른 상대방과 연습을 한다. 가장 좋은 연습 상대방은 친한 친구이다.

예

교사가 B 학생에게 수업 규칙을 상기시키자 B 학생이 격분하여 답한다. "선생님은 왜 저에게만 그러세요. C 학생과와 D 학생이 할 때는 아무 말도 하지 않으시면서 저에게만 그러세요. 선생님은 저만 미워하시는 게 분명해요." 교사는 B 학생의 말에 마음에 상처를 입었다는 것을 감지했다. "선생님은 B 학생만 미워하는 게 아닙니다. 무례하네요!" 그렇지만 곧바로 전문적 거리감으로 전환하고 적극적 경청을 하기로 했다.

교사: B 학생, 학생은 선생님이 대화규칙을 지키라고 해서 나에게 많이 화가 나는군요.

B 학생: 네, 맞습니다. 저는 너무 불공평한 것 같습니다. C 학생과 D 학생이 말하면 선생님은 아무 말도 않으시면서! 저한테만 그러세요.

교사: B 학생은 선생님이 본인만 혼낸다고 생각하는군요. 그래서 화가 난 거구요.

B 학생: 네, 맞습니다. 너무 불공평합니다. 선생님께서 좀 더 자세히 보셨으면 합니다.

교사: 선생님이 B 학생 말고 누가 떠드는지 자세히 살피고, 떠드는 학생을 혼내면 좋겠다는 것이지요?

B 학생: 네, 맞습니다. 그러면 저는 수업에 더 열중할 수 있습니다.

교사: 네, 좋습니다, 약속하지요. 선생님은 더 살피고 B 학생은 자기 차례가 아니면 말하지 않는다는 것이지요. 우리 수업 진도가 어디까지 했지요?

앞의 예와 같이 대화가 진행될 수 있다. 수업 시간에 이런 대화를 하고 싶지 않다면, 휴식 시간에 하거나 특히 B 학생과 언쟁하는 경우가 많다면 별도의 약속을 할 수 있다. 이로써 다른 사안들도 더 자세히 고려할 수 있고 다음에 나오는 패배 없는 갈등조정 절차를 실행할 수 있다.

이 예는 전문직업적 거리두기로 전환에 의한 적극적 경청이 갈등을 완화할 수 있는 한 방법임을 분명히 보여 준다. 교사가 "왜 저한테만 그러세요?"에 맞대응했다면, 이로 인해 갈등은 고조되고 그 결과 B 학생은 자신만 미워한다고 생각했을 것이다. 적극적 경청으로 학부모 및 동료교사와 갈등도 완화시킬 수 있다. 적극적 경청은 대화 상대방을 정확히 이해하고 사안에 대한 그의 관점, 소망 및 욕구를 알기 위한 노력을 의미하지만, 그렇다고 상대방의 관점에 동의하는 것은 아니다. 종종 학생의 욕구와 소망이 교사의 욕구와 소망 또는 영향력과 대립한다. 이에 대해서는 갈등해결을 시도한다. 토머스 고든에 따르면, 패배 없는 갈등조정이 가장 적합하다.

2) 패배 없는 갈등조정

교사와 학생이 이해관계나 욕구가 서로 다르면, 원칙적으로 교사는 갈등해결의 책임자로서 패배 없는 갈등조정을 진행할 수 있다. 이로써 갈등이 해결되면 양측은 모두 승리하게 된다(승-승 해결).

갈등조정은 교사가 진행자이자 갈등당사자라는 점을 제외하고는 두 학생 사이에서 교사가 진행하는 갈등조정(pp. 53-59 참조)과 같이 진행된다. 갈등조정은 항상 쉬운 것이 아니다. 따라서 이 방법을 사용하려면 전문직업적 거리두기를 취한다는 결정이 필요하다는 사실을 인식하는 것이 중요하다. 교사는 이 '거리두기'를 유지할 수 있으면 한편으로는 갈등당사자가 되고, 다른 한편으로는 공정한 진행자로서 대화를 이끌어갈 수 있다.

갈등당사자로서 교사는 나-전달법으로 자신의 견해를 전달하

고, 진행자로서는 다양한 견해를 언어로 표현하고 다음과 같은 6단
계를 통해 학생과 자신의 대화를 이끌어간다.

(1) 1단계: 서로의 욕구를 분명히 한다

먼저 교사 자신의 욕구와 학생의 욕구를 인식하고 말로 표현한
다. 자신이 하려는 것과 학생이 원하는 것은 모두 중요하다. 자신
은 나-전달법으로 욕구를 표현하고 적극적으로 학생의 말을 경청
하여 그의 희망 사항과 욕구를 말로 표현하도록 돕는다. 2단계로
가기 전에 교사는 두 갈등당사자의 욕구, 소망, 견해를 다시 한번
요약한다.

(2) 2단계: 가능한 해결방안을 제시한다

욕구가 명확해지면 해결방안을 제시한다. 학생과 교사는 가능한
많은 해결방안을 수집한다. 해결방안은 불가능하거나 엉뚱한 것
도 가능하다. 해결방안은 잊지 않도록 적어 두는 것이 좋다. 어떤
해결방안이든 평가하지 않는다. "그것은 당치 않습니다!" 또는 "그
것은 어리석은 일입니다!"라는 창의적 과정을 방해한다. "그건 안
됩니다!" 또는 "말도 안 되는 소리!"와 같은 표현은 창의력을 방해
한다. 특히 교사는 학생에게 먼저 해결방안을 제안하도록 하고 평
가하지 않는다. 그 이유는 학생이 교사는 이미 정답을 알고 있고
자신을 강요하려는 조작을 하고 있다는 인상을 받을 수 있기 때
문이다.

(3) 3단계: 해결방안들을 평가한다

각 해결방안에 대해 평가한다. 한 사람 또는 두 사람이 원치 않는 해결방안들은 아무 말도 없이 삭제한다. 이 단계에서는 해결방안들을 주의 깊게 검토하고 실제로 실행 가능한 해결방안만 남겨두는 것이 중요하다. 때로는 학생이나 교사가 너무 일찍 동의하여 나중에서야 결국 그 해결방안을 원치 않는다는 사실을 깨닫게 된다. 그러면 다시 이 단계로 돌아와서 다시 또 검토해야 한다.

(4) 4단계: 해결책을 정한다

양 당사자의 욕구와 소망을 최대한 만족시키고 양 당사자가 공정하다고 인식하고 실행 가능한 해결책이 최종 선정된다. 교사와 B 학생의 갈등 사례에서 "모두 집에 가서 휴식을 취합시다!"라는 해결방안은 교사와 학생이 동의할 수 있지만, 현실적이지도 않거니와 실행도 불가능하다.

(5) 5단계: 실행계획을 세운다

"누가, 정확히 언제, 무엇을 하는가?"라는 질문에 따라 양 당사자는 해결책이 실행되기 위해 각자 해야 할 것을 함께 계획한다. 갈등사례에서 교사와 B 학생은 4단계에서 다음과 같이 합의했다. B 학생은 부당한 대우를 받았다고 느끼면 소리 지르지 않고 교사가 규칙을 어긴 학생을 주시할 수 있도록 신호를 보낸다. B 학생의 신호도 정해졌다. 이어서 해결책이 언제부터 실행되고 언제 합의안이 제대로 실행되는지를 양측이 확인할 것인지도 논의되었다.

(6) 6단계: 실행 결과를 평가한다

이 단계에서는 양측이 해결책에 만족하는지, 그리고 계속 유지하기를 바라는지를 확인한다. 불만이 있는 경우, 원래의 욕구가 제대로 파악되었는지 또는 제거되어야 할 실질적인 어려움이 있는지도 확인해야 한다.

이 방법의 단점은 확실히 다른 방법보다 시간과 노력이 더 많이 들고(선생님은 어떻게 할 것인가를 말하고, 학생은 원하는 것을 한다), 교사는 모든 사소한 사안에 대해 이 방법을 활용하고 싶지 않는다는 것이다. 사실 '적극적 경청(pp. 178-184 참조)'만으로도 충분하기 때문이다. 그러나 이 방법은 학생이 동일한 비판을 계속하고 학생과 권력투쟁에 휘말릴 위험이 있을 때 선택할 수 있다. 이에 대해 다음과 같이 대처한다.

- 학생과 진지한 대화 시간을 갖는다.
- 학생의 이야기를 경청한다.
- 교사로서 학생이 감동시킨 것을 감사하는 마음으로 표현한다.
- 이어서 다음 단계를 진행한다.

이런 경우에 일반적으로 장점과 이점은 늘어난 시간보다 더 크다. 학생은 개인으로서 자신의 욕구와 소망이 진지하게 받아들여지고, 교사는 자신의 관심사를 진정으로 표현할 수 있다. 이런 식으로 양 당사자 사이에 원한이 없어지면 관계가 강화된다. 교사는 무력을 사용할 필요가 없으며 좋은 해결책에 대한 책임을 학생과 함께 진다. 그리고 교사는 학생에게 자신을 살피고 모두에게 좋은 해결책을 찾아야 할 의무를 부여한다. 이로써 교사를 비난하고 자신을 희생자로 묘사하는 일부 학생들에게 인기 있는 전략은 더 이상 소용이 없다. 그리고 이런 학생들은 친사회적 방식으로 수업에서 자신의 능력을 발휘할 수 있다.

교사는 다음 대화를 읽고 앞의 실험(pp. 165-166 참조)을 다시 할 수 있다. 대화 중에 어떤 생각과 감정이 드는가? 문제없이 전문적 자아를 유지할 수 있는 곳은 어디인가? 어느 시점에서 여전히 어려운가? 실험을 통해 자신에 대해 더 잘 알고 자신의 '빨간색 버튼'이 어디에 있는지 더 잘 알 수 있다.

예

(앞과 이어짐)

교사는 적극적 경청을 했다. 교사는 B 학생이 부당한 대우를 받았다고 느낀다는 것을 알게 되었다. 그리고 교사는 B 학생이 "선생님은 수업을 다시 하려고 하세요." "변한 게 없어요."라고 중얼거리며 수업에 참여하는 학생을 보고 더 자세히 살펴보겠다는 약속을 믿지 않는다는 것을 알아차렸다. 그래서 교사는 B 학생을 다시 대화에 초대했다.

교사: B 학생, 선생님이 지금 수업을 계속하고 싶다는 것에 다소 불만족스럽군요. 선생님은 우리가 휴식 시간에 더 많은 시간을 가지고 대화하길 바라요.

학생: 네, 좋아요.

[휴식 시간]

교사: B 학생은 할 일이 많군요. 학생은 선생님이 다른 학생보다 학생을 더 자주 훈계하기 때문에 불공평하다는 거지요? 그리고 다른 학생들도 떠들면 동일하게 경고하라는 거지요?

학생: 네, 말하지 않았는데도 경고를 받았어요. 다른 선생님들도 그래요.

교사: 선생님은 다른 선생님들을 대신해서 말할 수는 없지만, 우리가 함께 수업에서 바꿀 수 있는 것이 있는지 살펴보지요. 선생님은 학생이 공정하게 대우받기를 원한다는 것을 잘 이해하고 있어요. 하지만 수업을 조용히 하는 것도 선생님의 일이에요. 여기저기서 중얼거리는 소리가 나면 방해받지 않고 수업하기 위해 큰소리를 낼 수밖에 없어요. 물론 학생의 주변 학생들이 얘기할 수도 있겠지요.

학생: 네, 가끔은 저도 말해요. 그러나 선생님은 저만 더 혼내는 것 같아요.

교사: 그래요, 곰곰이 생각하니 맞는 말이네요. 하지만 선생님을 방해하는 것도 있어요. 선생님이 학생을 혼내면 학생은 불공정하다고 여기고 중얼거리며 욕도 하더군요. 그래서 선생님도 화가 나서 지적하게 되네요.

학생: 네, 불공정해서 그랬습니다. 그리고 저는 선생님께서 좀 더 주의하시라고 욕까지 하게 되었어요.

교사: 그렇군요. 학생은 선생님이 누가 떠드는지 자세히 살펴 달라고 하는 거지요? [학생이 고개를 끄덕인다.] 선생님은 수업 시간에 토론하거나 학생을 훈계하고 싶지 않아요. 우리 함께 만족스러운 방법을 찾아보지요. 학생은 좋은 생각이 있어요?

학생: 네, 선생님께서 주의 깊이 살피시거나 제가 선생님께 우리만 아는 신호를 보낼 수도 있겠습니다. 이에 대해서는 더 드릴 말씀이 없습니다.

교사: 학생은 수업 시간에 말하지 않을 수 있는 거지요.

학생: 더 나은 방법이 있습니다. 선생님과 저는 화가 나면 집에 가서 진정할 수도 있습니다.

[다른 해결방안을 모색하기 위해 휴식 시간을 갖는다.]

교사: 우리가 지금 네 가지 방안을 모았는데, 우리에게 맞는 것이 무엇인지 살펴보지요.

학생: 더 이상 말하지 마세요. 저는 할 수 없어요. 저는 그렇게 생각하지 않지만, 그런 신호를 상상할 수 있습니다.

교사: 처음부터 살펴보겠지만 놓치는 부분이 있을 수 있어요. 이에 대해 학생은 또 불공정하다고 느낄 수 있어요. 다른 신호가 있을까요?

학생: 저를 훈계하시면 저는 더 자세히 살펴보시라고 제 손에 있는 펜으로 신호를 보내겠습니다. 그러면 선생님은 무슨 말인지 아실 것입니다.

교사: 좋은 생각이에요. 학생은 펜으로 신호를 보내요. 그러면 자세히

살펴보지요. 그러니 학생도 중얼거리거나 욕을 하지 말아야 해요.

학생: 네, 좋아요!

교사: 선생님도 좋아요. 우리 한번 해 보지요. 오늘은 월요일이라 수
업이 없으니 내일부터 시작하지요. 다음 월요일에는 휴식 시간에
잠시 만나 잘 되고 있는지 살펴보지요. 좋나요?

학생: 네, 좋습니다.

교사: 벌써 휴식 시간이 지났네요. 내일 봐요.

이 예에서 교사는 단계에 따라 학생과 자신을 대상으로 승–승
갈등조정을 진행하였다. 목표는 학생과 실행 가능한 해결책을 강
구하는 것이다. 교사는 가르치고 처벌하거나 깨우치도록 하는 것
이 아니라 이해와 인지에 중점을 두었다.

힌트

패배 없는 갈등해결 방법은 적극적 경청과 마찬가지로 연습해야 한다. 교
사는 먼저 자신에게 중대하거나 너무 감정적이지 않은 이슈를 대상으로 시
도해 봄으로써 많은 경험을 쌓을 수 있다. 배우자, 동료교사 또는 자녀를 연
습 상대로 한다. 좋아하고 서로 이해하고 싶은 학생들과도 시도해 본다. 어
느 정도 편해지면 어려운 학생들에게도 이 방법을 활용한다. 패배 없는 방
법은 언제나 시도해 볼 가치가 있다. 그 이유는, 첫째, 교사는 비폭력적 갈
등해결을 위한 모델을 제공하고, 둘째, 교사가 나중에 다른 방법을 사용해
야 하는 경우가 있더라도 이 방법을 대안으로 염두에 둘 수 있기 때문이다.

이 방법은 자동으로 작용하지 않는다. 이 방법은 'A를 하면 B가 일어난다'는 식으로 기계적으로 작용하지 않는다. 기본적 태도가 이 방법과 일치해야 한다. 그리고 인내심이 필요하다. 특히, 불평하기 좋아하는 학생들은 기본적으로 진지하게 받아들여지길 원하지만 종종 교사가 '새로운 속임수'를 쓸 것을 두려워한다. 이런 학생들에게는 인내하고 계속해서 대화를 제안하는 것이 중요하다. 후속 대화를 통해 합의 결과를 진지하게 검토해야 하며 필요한 경우, 성공을 위한 학생의 책임도 요구해야 한다.

3) 공격을 피드백으로 이해

학생들은 교사에게 문제를 제기하면서 교사가 하고 있는 일이 본인들에게 어떤 영향을 미치는지에 대해 항상 피드백을 한다. 따라서 교사는 전문직업적 거리두기를 함으로써 수반될 수 있는 공격에 대응하지 않고 제기된 문제를 오히려 피드백으로 해석할 수 있다. 더 자세히 설명할 필요 없이, 제기된 문제는 원래 화자의 발언에 대한 피드백을 의미한다. "나는 상대방의 답변을 듣기 전에 내가 무슨 말을 했는지 모른다."(Watzlawick, Beavin, & Jackson, 2000)라는 문구는 기본적으로 화자는 비언어적 표현이나 대화할 때마다 상대방의 피드백으로부터 영향을 받는다는 것을 매우 잘 설명한다. 말의 실제 효과는 항상 의도한 효과와 일치하지 않는다. 언어와 비언어적 표현의 영향은 궁극적으로 대화 상대방이 결정한다. 학교 상황에 적용하면, 교사의 모든 행동과 말은 학생들마다 다른 영향을 미칠 수 있음을 의미한다. 따라서 만약 학생들이 교사의 말이나 행동으로 문제가 있다면, 이 문제는 교사가 무언가를 말하려 했지만 학생들이 전혀 다르게 이해해서 발생했을 수도 있다. 한 학생이 "선생님은 너무 불공정합니다."라고 했다면, 교사는 학생이 자신의 행동을 불공정하게 경험하고 있으며, 학생의 이 말은 교사 개인이 아니라 교사의 행동이 어떤 영향을 미쳤는지를 알려 주는 피드백으로 이해할 수 있다.

교사가 학생의 말을 전문적 거리감을 가지고 피드백으로 볼 수 있다면, 다음과 같이 대처할 수 있다.

(1) 내용에 대한 정보를 참조한다

여기서 말하는 유형의 피드백은 구조화되지도 표현을 위한 일반적 규칙을 따르지도 않는 것으로, 종종 교사가 학생이 이해한 것이 본인이 의도한 것이 아닐 수 있다는 신호로 보내는 다소 충동적인 학생의 표현이다. 정보 내용이 불충분하므로 교사는 무엇인가를 시작할 수 있다. 따라서 학생에게 질문해야 한다. 질문으로는 개방형 의문문이 적절하다. "정확히 불공정해 보이는 것이 무엇인가?" "내가 무엇을 했거나 말했기 때문에 불공정하다고 하는가?" "어떻게 성적이 불공정하다는 결론에 이르렀는가?"

힌트

무의식적 비난이 질문에, 그리고 목소리에 담겨 있는지 확인한다. 교사는 학생이 어떻게 이해하는지를 진심으로 연구하려는 학자가 되면 더 쉽다.

> 이제 교사가 학생의 생각을 실감 있게 체험할 수 있는 기회이다. 따라서 흔히 비난으로 여겨지는 "왜?"라는 질문은 하지 않는다.

(2) 피드백의 내용을 주의 깊게 검토한다

내용에 대한 추가 정보가 있는 경우(예: 한 학생이 선생님은 주로 앞에 앉은 학생만 호명하고 뒤에 앉은 학생은 손을 들어도 무시하기 때문에 불공정하다고 평가한다. 그 결과, 뒤에 앉은 학생들은 구두 점수가 낮을 수밖에 없다.), 피드백의 내용을 조건 없이 정직하게 조사하는 것이 중요하다. '조건 없이'는 자주 다투는 학생 개인이 아니라 사실만 조사한다는 뜻이다. 자신의 행동을 관찰하고 검토해야 하기 때문에 때때로 조사에 시간이 걸릴 수 있다. 말이나 행동은 많은 생각 없이 자동으로 이루어지기 때문이다. 이런 말이나 행동에 대해서는 피드백만이 도움이 된다.

(3) 피드백에서 결론을 도출하고 필요한 경우에 행동을 바꾼다

검토 결과, 교사의 인식과 학생의 인식이 일치하면 교사는 피드백을 행동 변화를 위한 기회로 보고 앞으로 어떻게 다르게 할 것인지를 고려한다. 예를 들어, 교사는 토의 시간에 앞에 앉은 두 학생의 줄에서 맨 뒤에 앉은 두 학생 중 한 학생을 지명할 수 있다. 교사는 자신의 관찰 내용이 그 학생의 관찰 내용과 일치하지 않는다는 결론에 도달하면 아무것도 바꿀 필요가 없다.

(4) 피드백 제공자에게 알린다

교사는 피드백 검토 결과와 그로 인해 추가로 발생할 수 있는 변화 사항을 학생에게 알린다. 이런 대화는 교사가 자신의 행동을 바꾸기 위한 조치를 취하지 않는 경우에 특히 정중히 이루어져야 한다. 예를 들어, "선생님은 지난 며칠 동안 수업 중에 누가 손을 들었고, 언제 누구를 호명했는지 자세히 살폈습니다. 선생님은 맨 뒤에 앉은 학생들을 '무시했다'는 평가에 동의할 수 없습니다. 그렇지만, 이번 계기로 다시 한번 검토할 수 있는 기회가 되어 감사합니다." 피드백에 항상 도움이 되는 문구는 다음과 같다.

"선생님은 학생의 말을 듣고 고려할 것입니다. 그러나 선생님은 학생이 원하는 대로 하지 않을 것입니다."

이 문구는 중요한 것이 무엇인지를 다시 한번 분명하게 한다.

- 선생님은 학생이 무엇을 말하지는 듣는다. → 비판의 요점을 정확히 이해하기 위해 내용에 대한 정보를 요청한다.
- 그리고 숙고한다. → 피드백의 내용을 조건 없이 진지하게 검토하고 자신의 인지와 비교하고 새로 밝혀진 불쾌한 사실에 대해서도 개방적이다.
- 하지만 나는 학생이 원하는 대로 하지 않는다. → 변화 여부는 피드백을 받은 사람이 결정한다.

교사가 학생들에게 과제물을 필기 점수와 구두 점수와 함께 되돌려 준다. 한 학생이 점수를 보고 경멸하듯 웃으며 뛰쳐나와 큰 소리로 외친다. "너무 불공정합니다. 선생님은 주사위를 던져 점수를 주셨습니다!"

학생: 저는 구두시험 점수가 80점 이상이라고 생각합니다.

교사: 어떻게 그런 생각을 했지요?

학생: 수업 시간에 제가 발표 신청을 해도 선생님은 무시했어요. 항상 앞에 앉은 학생들만 시켰습니다. 그 학생들은 틀림없이 좋은 점수를 받았을 겁니다. 하지만 맨 뒤에 앉은 저와 A, B 학생은 쳐다보지도 않으셨어요. 그러니 우리는 발표 점수를 높일 기회가 없었습니다.

교사: 학생이 그렇게 생각한다니 매우 놀랍네요. 그러나 학생은 중요한 피드백을 했어요. 점수를 다시 살펴볼 것이니 다음 시간에 다시 이야기하지요.

약 1주 후

교사: 학생이 맨 뒤에 앉은 학생들은 신청을 해도 선생님이 시키지 않다고 해서, 지난주에 누가 신청하고 누구를 빼놓고 누구를 시켰는지 곰곰이 생각했습니다. 이젠 바뀔 겁니다. 뒤에 앉은 학생들도 앞에 앉은 학생들처럼 자주 시킬 것입니다. 우리 같이 학생의 성적이 달라지는지 살펴보지요. 다시 한번 학생의 지적에 감사해요.

이런 식으로 학생의 문제를 다루는 것은 교사가 학생을 진지하게 받아들이고, 주제가 교사에게 비판적인 내용이더라도 진지한 토론을 할 수 있다는 신호이다. 교사는 학생들이 교사의 피드백, 즉 변화 제안과 조언을 기꺼이 수용하여 행동이 변화하길 바란다. 교사는 피드백에 대해 개방적 태도를 보이면 비판을 다루는 성공적 모델이 될 수 있다.

> **힌트**
>
> 물론 전문직업적 거리두기에 기반한 세 가지 전략은 모두 서로 결합될 수 있다.

물론 전문직업적 거리두기로 '전환'할 수 없는 상황도 있다. 이런 상황에서는 복잡한 감정과 생각으로 자신의 전문성과 자원에 차분하고 편안하게 접근할 수 없게 된다. 이런 경우에는 가능한 전략을 미리 세워 두는 것이 특히 중요하다. 경험에 따르면, 이런 상황에서는 이성을 잃고 학생에게 도움이 되지 않는 원초적 행동 패턴을 따르게 된다. 행위 능력을 되찾기 위해서는 이런 경우에 도움이 되는 전략을 마음속으로 실행해 보는 것이 중요하다. 다음의 전략들로 교사는 학생과의 관계가 손상되지 않도록 존중과 감사의 태도를 유지하면서 자신을 살필 수 있다. 그러면 사안과 좀 더 멀리 떨어져서 나중에 사안을 다시 다룰 수 있다.

4) 분명한 경계

갈등상황에서 전문직업적 거리두기로 전환할 수 없는 경우, 갈등 상대방인 학생 또는 다른 갈등 상대방의 진술은 일반적으로 모욕적이거나, 상처를 입히거나, 부적절하거나, 불가능하거나, 견딜 수 없는 것으로 인식되고 분노와 분개를 느낀다. 이런 상황에서 일반적 발언은 "절대 그럴 수 없어요! 터무니 없어요! 말도 안 돼요!"와 같다. 그러면 이제는 '정지' 신호를 보내고 경계를 명확히 설정할 시간이다.

교사는 학생의 말로 공격받고 모욕당한다고 느끼면, 학생에게 참을 수 있는 한계를 넘었다는 신호를 명확하고 정중하게 보낸다. 이를 위해 항상 비상 상황에 적합한 문구를 준비해 두는 것이 중요하다(p. 202 연습 참조).

이런 상황이 실제로 발생하면 준비한 문구를 가능한 한 확고한 목소리로, 상대방의 눈을 보고 곧추선 자세로 위협적이지 않게 표현한다. 이어서 잠시 멈춘다. 이것은 자세를 취하고 서로 바라보지만 말은 하지 않는다는 의미이다. 자세와 눈맞춤은 상대방을 경계하고 방어할 준비가 되었다는 신호이다. 대부분의 경우, 이 신호로 학생에게 말을 절제하고 일반적 대화를 하도록 유도할 수 있다. 평소 대화보다 더 긴 눈맞춤이 필요한 경우는 매우 드물다. 더 길고 지속적으로 눈맞춤을 유지하는 것은 쉽지 않지만, 경계를 명확히 하는 데 매우 효과적이다(Rhode & Meis, 2014). 경계를 설정해서 학생이 받아들이면, 교사는 전문직업적 거리두기로 전환할 수 있고 관련 전략들을 적용하거나 추가적으로 경계 설정을 위해 학생의 부적절한 행동에 상처받지 않는 방식으로 대응한다.

5) 적절한 직면

적절한 직면(confrontation)은 존중하는 태도를 잃지 않고 갈등 상대방의 용납할 수 없는 행동을 명확하게 명명하는 것을 의미한다. 상대방을 존중하는 태도는 음성, 몸짓 및 단어 선택을 통해 이루어진다. 목소리는 명료하고 확고하며 분명하되 너무 크지 않아야 한다. 목소리로 주는 신호는 "나는 내가 원하는 것을 알고 있고, 마음이 차분하며, 상대방이 해로운 행동을 멈출 것이라고 생각한다."라는 의미이다. 신체언어는 신체적으로 긴장되었고 말하고 싶은 것을 신체적으로 표현한다는 신호를 보낸다. 시선은 고정하여 상대방을 향하며 학생과 팔 길이 정도의 거리를 취한다.

올바른 언어 선택을 위해서는 제2장에서 다룬 상처 주지 않는 분노 표현(pp. 50-51 참조)과 공통점이 있는 직면적 나-전달법이 가장 좋다. 직면적 나-전달법은 사안을 명확하고 정확하게 지칭하지만, 갈등 상대방을 평가, 비난, 위협함으로써 상황을 고조시키지 않는다. 나-전달법은 화자가 여러 측면에서 인지한 것, 즉 교사가 수용할 수 없는 학생의 행동과 그 행동이 교사에게 미치는 영향에 대해 말하는 것을 의미한다. 이어서 학생에 대한 기대를 표현할 수도 있다.

직면적 나-전달법은 다음과 같이 정리할 수 있다.

- 수용할 수 없는 행동에 대해 판단하지 않고 기술하는 것이다. 판단하지 않고 기술한다는 것은 해석하고 평가하는 것이 아니라 보고 들은 것을 그대로 언어로 표현하는 것이다. 다음의 연습에 나오는 두 번째 갈등사례(p. 203 참조)에서 기술은 "학생은 선생님이 불공정하다는 거지요."이다. 해석은 "학생은 선생님을 비난하는 거지요."이다. 평가는 "학생은 버릇이 없어요. 학생이 감히 선생님을 불공정하다고 하는 거지요?"이다.

- 수용할 수 없는 행동이 교사에 미치는 영향을 기술하는 것이다. 행동은 상처, 분노, 격분 등 감정에 영향을 미친다. 자신의 감정을 살펴서 언어로 정확히 표현하는 것이 중요하다. "그로 인해 마음의 상처를 입었어요." "나는 정말 화가 나요." 또한 교사는 학생의 행동이 자신에게 어떤 결과를 초래했는지를 기술할 수 있다.

- 학생에게 기대한 행동을 기술한다. 교사가 학생에게 기대하거나 바라는 행동을 말해 주면, 학생은 교사가 얼마나 진지한지를 알 수 있다("선생님은 학생이 비난하지 않고 비판하기를 기대합니다."). 동시에 학생이 부적절한 행동을 적절한 행동으로 바꾸는 데도 도움이 된다. 모든 학생 또는 갈등 상대방은 비판을 적절하게 표현하는 방법을 모르기 때문이다.

- 직면적 나—전달법은 학생, 동료교사 또는 타인이 수용할 수 없는 행동을 적절히 언급하는 데도 적합하다. 갈등 사례에서 보듯이, 학교생활에서는 분명한 경계 설정과 직면의 적절한 조합이 중요하다. 교사가 "잠깐만!" 하고 적절한 직면을 하려

면 직면적 나-전달법을 상세히 한다. 즉, 행동을 기술한다. 그 행동의 영향을 알리고 기대를 표현한다. 이어서 앞에서 언급한 자세를 취하고 명확하고 확고한 목소리로 메시지를 전달한다 (p. 297 부록의 '13. 직면적 나-전달법' 참조).

연습: '정지' 문구

목표: '정지' 문구 경험 쌓기

시간: 10분

준비물: 친한 사람에게 연습 요청

방법:

1. 똑바로 서서 위협적이지 않은 자세를 취한다.

2. 단호한 목소리로 말한다. (예: "학생이 선생님에게 그런 식으로 말할 곳이 아니에요." "우리는 학생의 우려 사항에 대해 이야기할 수 있지만, 선생님은 모욕당하는 것이 싫어요." "선생님은 학생이 정상적인 어조로 비난하지 않고 말했으면 좋겠어요." "학생이 계속해서 선생님을 욕하면 이쯤에서 대화를 그만 두겠습니다.")

3. 견딜 수 있는 만큼 충분히 '한숨'을 돌린다. 이는 잊지 못할 경험이 된다.

4. 이어서 파트너와 이 연습으로 느낀 점에 대해 이야기한다. '전혀 감당할 수 없다'는 감정이 들면, 변화를 느낄 때까지 연습한다.

연습: 직면적 나–전달법

목표: 직면적 나–전달법을 할 수 있다.

시간: 10분

준비: 지인에게 연습 요청

방법:

1. 다음 중 어떤 갈등 사례로 진행할지 정한다.

   • 교사가 학생들에게 과제물 점수와 발표 점수를 알려 준다. A 학생이 점수를 보고 큰 소리로 경멸조로 웃는다. 학생은 벌떡 일어나 큰 소리로 말한다. "이건 불공정합니다. 선생님은 주사위를 던져 점수를 준 것 같아요."

   • 교사는 B 학생에게 수업시간에 규칙을 어겼다고 한다. B 학생은 분노하며 대답한다. "선생님은 완전히 틀렸습니다! C, D 학생이 말하면 아무 말도 하지 않으시면서 저에게만 뭐라고 하십니다. 불공정합니다."

   • 휴식 시간에 담임교사가 과목교사에게 다가가 말한다. "선생님, 3반에서 '내가 좋아하는 것과 내가 싫어하는 것'에 대해 물었더니 많은 학생이 선생님 수업에 불만족한다고 했습니다. 저는 이런 사실을 전달드리고자 합니다."

2. 각 사례에 대해 '직면적 나–전달법'으로 표현한다. 상대방과 자신의 반응이 적절한지 논의한다.

갈등 사례

- "학생은 선생님이 점수를 잘못 매겼다고 했어요. 선생님을 공격한 거지요. 선생님은 학생이 비난하지 않고 선생님이 준 점수에 대한 불만을 말해 주었으면 좋겠어요."
- "학생은 선생님이 불공정하다는 거지요. 그래서 많이 속상했지요. 선생님은 학생이 비난하지 않고 비판해 주기를 바라요."
- "학생은 학생들이 선생님의 수업에 불만이 있다고 했어요. 선생님은 이에 대해 의견을 표명할 수 없어서 무척 분노했어요. 선생님은 학생이 선생님과 학생들이 직접 대화하도록 격려해 주었으면 좋겠어요."

6) 처리 연기

너무 감정적이고 갈등을 적절히 처리할 시간이 부족하면 처리를 연기하는 것이 좋다. 이는 학생과 편히 앉아서 사안에 대해 대화할 수 있는 시간을 제공한다는 것을 의미한다. 실제로 대화를 다른 날로 연기하면 많은 도움이 된다. 한발 물러서서 자신의 감정과 동기를 정리하고 대화를 준비함으로써 갈등고조를 완화할 수 있다. 학생도 생각할 시간을 갖고 다른 감정 상태로 대화에 임할 수 있다. 교사도 전문직업적 거리두기로 전환할 수 있다. 이를 통해 자신의 자원을 살펴서 행동전략으로 활용할 수 있다.

교사는 조용한 시간에 '정지' 문구처럼 항상 '연기' 문구를 작성한다. 교사들은 모든 중요한 것이 들어 있는 책가방을 들고 다닌다는 상상을 하면 도움이 된다. 그 책가방에는 생각이 나지 않거나 방법이 없을 때 꺼내 볼 수 있는 '비상 문구들'이 들어 있다. 교사의 구급상자에도 연기 문구들을 담아 놓는다.

연기 문구는 다음과 같다.

- "학생도 화가 나고 선생님도 화가 나니 우리 내일 얘기해요."
- "우리 모두 매우 화가 났어요. 내일 조용히 얘기할 수 있어요."
- "현재 선생님은 학생과 이 사안을 편안히 논의할 수 없어요. 우리 내일 만나서 약속을 잡아요."
- "지금 선생님은 학생과 편하게 이야기할 시간이 충분하지 않아요. 내일 방과 후 얘기할 수 있어요. 교무실로 오세요."

> **힌트**
>
> 자신에게 맞는 문장을 작성한다. 지인과 함께 시도해 보고 이 문장이 명료하면 서로 존중하는 표현인지 확인한다. '사소한 표현'(예: '이미' '다시' '항상' '절대로' '아마' '하지만' 등)에 주의한다. 이 사소한 표현들은 종종 눈에 띄지 않지만 경멸, 조작 또는 고조와 같은 의미를 전달한다.

7) 자신의 가치 명료화

가치는 우리의 태도, 사람과 사건에 대한 견해 그리고 많은 행동을 결정한다. 가치는 모든 사람이 근본으로서 지지하기 때문에 중요하다. 많은 가치는 양육에서 비롯되고 대개 질문의 대상이 아니며 체득된다. 가치는 타인의 반대 가치와 대립될 때 느끼게 된다. 우리 사회에는 다양한 가치가 있기 때문에 학교에서도 매우 다른 가치들이 충돌한다. 가치는 서로 협상할 수 있는 대상이 아니기 때문에 대화로 쉽게 해결될 수 없는 갈등들이 발생한다. 예를 들어, "생각하는 바를 거리낌 없이 말하라."라는 가치를 가진 집안에서 성장한 학생이 학교에서 "정중히 말하고 나의 말로 상대방이 상처받지 않도록 한다."라는 가치를 가진 교사를 만나게 되면 갈등이 발생할 수 있다. 학생이 생각 없이 말하면 교사는 학생의 말이 부적절하고, 수용할 수 없고, 상처를 주고, 있을 수 없다고 생각할 것이다.

실제로 학생과 갈등에서 전문직업적 거리두기로 전환하고 싶지만 감정과 판단적 문장만 생각나서 계속 실패한다면, 자신의 가치를 살피고 어떻게 적절히 반응할 것인지를 고려하는 것이 필요하다. 그 이유는 가치 전환이 왜 안 되는지, 학생의 특정 행위가 왜 항상 감정과 생각을 유발하는지 이해할 수 있고 딜레마에서 벗어날 수 있는 길을 찾을 수 있기 때문이다. 가치를 명확히 밝히는 전략은 연기된 대화에 앞서 자신을 파악할 때도 도움이 된다. 가치 파악 단계는 다음과 같다.

- 학생의 행동을 그림으로 상상하고 감정과 즉흥적 생각을 기록한다. 수용할 수 없는 학생의 행동을 생각하고 자신을 화나게 한 상황으로 돌아간다. 자신의 감정과 생각을 여과 없이 솔직히 기

록한다. "안 됩니다!" "불가능해요." "그렇게 하지 않아요."와 같은 생각을 적어 놓으면 다른 가치로 인한 갈등의 실마리를 찾을 수 있다.

- 직면적 나–전달법을 세 부분으로 구성한다. 행동을 중립적으로 기술하면 학생의 어떤 말과 행동이 교사에게 방해되는지 파악할 수 있다. 감정을 말로 표현(교사는 학생의 행동에 대해 어떤 감정이 드는가?)하면 자신을 더 잘 알고 분노 감정 뒤에 다른 감정(두려움? 무엇을 두려워하는가?)을 파악하고 학생의 행동이 자신에게 구체적으로 어떤 영향을 미쳤는지 파악한다. 예를 들어, 학생의 행동으로 인한 추가 시간 소요, 경제적 부담, 추가 작업, 손해 등을 따져 본다. 자신에게서 구체적 결과를 찾을 수 없다면 가치갈등이 있는 것이다.

- 가치를 기록하고 이름을 붙인다. 자신의 가치를 상세히 적는다. 어떤 행동이 옳은 행동인지, 이런 상황에서는 어떻게 행동는지에 대해 적는다. 이어서 가치에 이름을 붙인다.

- 가치를 평가한다. 전혀 중요하지 않으면 0점, 필수불가결하면 10점인 척도로 가치를 평가한다. 평가 점수는 나중에 자신의 가치를 지키기 위해 무엇을 할 것인지를 결정하는 데 도움이 된다.

이 단계를 통해 가치를 확인함으로써 자신의 가치가 중요하지만 절대적으로 중요하지 않음을 알 수 있다. 또는 실제로 행동을 파악할 수 없기 때문에 화나게 한 것은 학생 개인임을 깨닫는다. 또는 특정 행동에 대한 분노 저변에 무엇인가에 대한 두려움이 많고, 그 학생과 다시 만나기 전에 그 두려움을 살피는 것이 중요하다는 것을 알게 된다.

그러나 교사는 가치갈등을 먼저 다루고 싶을 것이다. 다음에서 가치갈등을 해결하기 위한 일곱 가지 전략을 알 수 있다. 원칙적으로 이 전략들은 더 좋거나 나쁜 것이 없다. 그러나 어떤 전략이든 관계를 훼손하거나 갈등을 고조시킬 가능성이 높다. 동시에, 아무리 좋은 전략이라도 갈등 상대방의 의지가 없으면 그의 가치를 바꿀 수 없다는 점을 명심해야 한다. 따라서 전략에 대해 의식적으로 결정을 내려야 한다. 매우 중요한 가치라면 관련된 위험도 감수할 수 있다. 그다지 중요하지 않은 가치에 대해서는 고조 가능성이 낮은 전략을 쓸 수 있다. 다음은 일곱 가지 전략의 설명이다.

(1) 전략 1: 자신의 가치를 바꾼다

가장 위험한 전략은 자신의 가치를 바꾸는 것이다. 이것은 일반적으로 자신의 가치가 구태의연하고 더 이상 시대와 맞지 않다는 것을 깨달음으로써 가능하다. 예를 들어, 학교에서 악수하며 인사한다.

(2) 전략 2: 합의를 한다

이 전략은 갈등고조 가능성이 거의 없다. 자신의 가치를 포기하지 않고 상대방의 가치와 합의를 본다. 규명 단계에서 자신의 가치가 그다지 중요하지 않으며 갈등이 고조되는 것이 이익이 되지 않음을 인식했기 때문이다. 또는 위험한 전략이 있어도 학생에게 영향을 줄 방법이 없다는 것을 알고 있다. 예를 들어, 학생이 체육복을 입고 등교한다.

(3) 전략 3: 모범을 보인다

교사는 이 전략에서 자신의 가치에 대해 모범을 보여 주며, 자신의 행동이 말과 일치함을 보여 준다. 많은 사람이 행동을 모방하고 가치도 물려받기 때문에 모범을 보이는 것은 기본적으로 가장 효과적인 교육 및 교수 방법 중 하나이다. 교사는 자신의 역할 모델이 효력이 있음을 보지 못한다는 것을 견디기 힘들다. 교사는 학생들이 다른 가치를 가지고 있고 자신의 역할 모델이 아무 소용없는 것처럼 보이더라도 교육자로서 자신의 가치만을 내세워서는 안 된다. "학생이 교사에게 무례한 행동을 하면 교사도 똑같이 대할 것이다!"를 실행에 옮겨서는 안 된다. 예의, 시간 엄수, 신뢰 등의 가치가 그 예이다.

(4) 전략 4: 직면과 적극적 경청

이 전략은 훨씬 더 위험스럽고 갈등이 고조될 가능성이 높다. 직면이란 교사가 수용할 수 없는 행동에 대해 직접 말하고 자신의 감정과 타인에게 미치는 영향을 표현하는 것이다. 예를 들어, "학생은 오늘 꽃에 물을 주겠다는 약속을 지키지 않았어요. 그로 인해 선생님은 매우 화가 납니다. 학생은 꽃이 마르지 않도록 해야 했어요."라고 한다. 학생의 반응이 폭력적일 수 있으므로 이에 대비해야 한다. 갈등을 완화하기 위해 적극적 경청으로 감정을 추스를 수 있다. 예를 들어, 학생이 부적절한 언어를 사용하는 경우 적극적 경청을 할 수 있다.

(5) 전략 5: 컨설팅

컨설팅의 목적은 논리적 논증을 통해 상대방의 가치를 변화시키는 것이므로 갈등이 고조된 가능성이 높다. 가치는 합리적 고찰의 대상이 아니므로, 단지 컨설팅의 성공을 위한 조건만을 가능한 한 최적으로 준비할 수 있다. 컨설팅은 다음과 같은 조건에서 성공할 수 있다.

- 학생이 컨설팅을 요청한다. 즉, 컨설턴트가 컨설팅을 주문받는다.
- 컨설턴트가 사실들과 논리적 주장들을 갖추고 있고 학생이 컨설턴트를 유능하고 신뢰할 만하다고 생각한다.
- 컨설팅이 단 한 번으로 성공한다. (묻지 않고 몇 번이고 컨설팅만 반복하면 '잔소리'로 인식된다)
- 학생이 책임지고 컨설팅을 결정한다.
- 컨설팅할 때 교사는 자주 적극적 경청을 하고 학생에게 충고의 '문자'를 보내지 않는다.

(6) 전략 6: 행동 변화를 통한 문제해결(패배 없는 갈등해결)

패배 없는 갈등조정 6단계를 활용하여 특정 조건하에서의 행동 변화에 합의할 수도 있다. 이를 위해 양측의 가치를 비교하고 유지하면서 함께 살 수 있는 해결책을 강구한다. 이 전략은 학생이 위협으로 인식하기 때문에 갈등이 고조될 가능성이 높다. 따라서 가치가 한 당사자에게 매우 중요한 경우에만 사용된다. 예를 들어, 학생이 비속어를 쓰는 경우 교실 밖에서만 비속어를 쓰는 것에 합의할 수 있다.

(7) 전략 7: 권력을 행사하거나 위협한다

권력 행사와 위협은 의심할 여지없이 갈등을 고조시킬 가능성이 가장 크므로 관계에 가장 큰 영향을 미칠 수 있다. 처벌과 위협으로만 형성된 관계는 지속될 수 없다. 처벌로만 교실에서 우위를 차지하는 사람은 직업에 대해 즐거움을 누리지 못할 것이다. 이런 교사는 학생들을 지속적으로 감시해야 하지만, 그렇다고 학생들이 처벌에 감명받지도 않는다. 학생들은 당장 복종하지만 복수할 생각을 한다. 어떤 학생들은 교사와 싸울 생각만 하고 교사를 '이길' 수 있는 기회만 노린다. 위협("한 번만 더하면…….")은 갈등고조 가능성이 적지만 관계에 영향을 미친다. 또한 위협은 필요하다면 실행해야만 기능한다. 즉, 위협하기 전에 실행 여부를 신중히 고려해야 한다. 실행하지 않고 말로만 위협하면 본인의 신뢰와 권위를 잃게 된다. 그럼에도 불구하고 학교나 사회에서 일반적으로 유효하고 매우 중요한 가치가 위협받을 경우에는 교사의 권한을 사용할 필요가 있다(제6장 참조). 예를 들어, 한 학생이 다른 학생을 때리는 것은 신체를 훼손당하지 않을 권리가 침해되는 경우이다.

힌트

교사는 가치 선언 과정에서 갈등에 영향을 받는 가치가 자신에게 매우 중요하다는 사실을 알게 되면, 먼저 자신의 가치가 일반적 가치인지(이런 경우, 다른 교사들과 협력하는 것이 좋다) 또는 이 가치가 유일한 가치인지 확인해야 한다. 이에 먼저 갈등고조 가능성이 적은 전략을 써야 한다.

학생-교사 갈등: 수업 불가능

1. 갈등 유형 인식

　이 장에서는 갈등을 더 이상 개별적으로 다룰 수 없고, 친사회적 행동이 거의 없으며, 기본 규칙과 가치가 무시되어 진정한 의미의 수업이 거의 또는 전혀 불가능한 교실을 살펴보고자 한다. 앞의 장들에서는 한 명의 교사가 개별적으로 식별 가능한 갈등이나 문제를 어떻게 대처해야 격한 싸움으로 번지지 않을 것인지에 대해 다루었다. 그러나 경험에 따르면, 제5장에서 살펴보았듯이 갈등의 조짐들이 동시에 나타나거나 학생들이 난동을 부려서 교사는 더 이상 수업이 불가능할 뿐 아니라 자신이 설 자리가 없어져 점점 더 무력해지고 열등감을 느끼며 들어가고 싶은 마음이 들지 않는 교실이 생긴다. 원칙적으로 이런 교실에서는 학생들이 서로 경멸하며 상처를 주는 방식으로 관계를 맺는다. 종종 교실을 유지하는 유일한 방법은 교사와 싸우는 것뿐이라는 인상을 준다. 거의 항상 한 명 이상의 대변자가 있다. 그러나 이런 상황에 시달리지만 이를 바꿀 수 있는 기회조차 보지 못하는 학생들도 있다.

이런 교실의 담임교사는 한편으로는 스스로 문제를 해결하기 위해 고군분투하고, 다른 한편으로는 동료교사들로부터 학생들이 올바르게 행동하도록 해달라는 은밀하거나 공개적인 요청으로 두 배로 힘든 경우가 많다. 불평하는 학부모까지 가세하면 모든 것을 포기하고 싶은 교사들도 있다. 이런 교실의 모습은 [그림 6-1]과 같다.

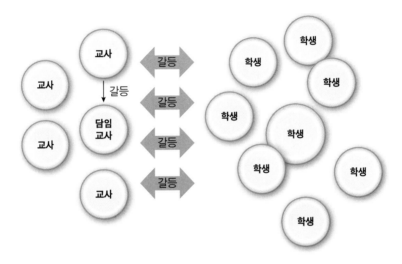

[그림 6-1] 교사들과 학생들의 갈등

갈등 사례

- 교사가 교실에 들어서서 학생들에게 인사를 하려한다. 일부 학생은 교사를 무시하고 다른 학생은 머뭇거리며 항의하듯 자리에 앉는다. 교실이 너무 시끄럽다.
- 교사가 수업 주제에 대해 질문한다. 학생들은 대답 대신에 여기

저기서 떠든다. 몇몇 학생이 손을 들고 "화장실에 가도 돼요?" "벌써 휴식 시간이네요!" "저는 수업 주제가 전혀 쓸모없다고 생각합니다."라고 하면서 비웃거나 비난하듯이 말을 건다.

- 교사가 과제물을 주고 학생들이 조용히 공부할 수 있도록 연습지를 나누어 준다. 일부 학생은 종이비행기를 만들고, 다른 학생들은 쓰레기통 쪽으로 가며, 나머지 학생들은 교실을 가로질러 뛰어다닌다.
- 교사의 경고에 학생들은 다음과 같이 반응한다. "저는 단지 지우개/연필/연필깎이만 빌리려고 합니다. 해도 되지요?" 조용히 과제를 해야 하지만 여기저기서 중얼거리는 소리가 들린다.
- 과목교사가 거의 매일 담임교사에게 와서 '통제 불가능한 학생들'에 대해 불평을 쏟아낸다.

1) 갈등신호

학생과 교사 사이에 심각한 전선이 형성된 교실에서는 앞의 장들에서 언급한 많은 갈등이 동시에 신호를 보내며 더 강해진다.

- 많은 학생이 대화규칙을 지키지 않는다.
- 많은 학생이 수업 참석을 거부하고 교사를 무시한다.
- 많은 학생이 서로, 그리고 교사들을 폄하하고 해로운 행동을 한다.

• 교사들은 대부분 이런 교실에 가길 꺼려한다.

이런 신호가 있으면 행동해야 할 때이다.

2) 경보신호

이런 교실에 다음과 같은 경보신호가 울리면 대개 외부의 지원이 필요하다.

• 교사는 학생들에게 열등감이나 무력감을 느낀다. 교사는 역할상 학생들을 차분히 전문직업적으로 다룰 수 있는 지위를 가지고 있다. 하지만 교실에서 지위가 바뀌어 학생들이 우위를 차지하면, 교사는 감정적으로 무력감에 빠지고 지위도 낮아진다.

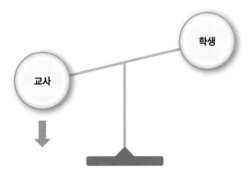

[그림 6-2] **교사와 학생의 갈등**

• 경우에 따라서는 학생들 또는 교실에 대한 분노, 두려움, 절망

2. 교사의 역할과 자세

감 및 때로는 증오심으로 이어질 수 있다. 그러면 교사는 전문
가가 아니라 한 인간으로서 영향을 받는다.

• 교사들이 위협을 받는다.
• 이런 교실에서 수업하는 모든 동료교사가 열등감을 느낀다.
• 학부모들이 크게 불평한다.

이런 경보신호에 따른 외부 지원은 이런 상황에서 교사들이 고
통받고 있기 때문에 중요하다. 당장 필요한 대책을 취할 책임을 외
부에 위임함으로써 부담을 크게 줄일 수 있다.

2. 교사의 역할과 자세

교사로서 무기력하고 반감만 드는 교실에서 담임교사는 이대로
갈 수 없기 때문에 변해야 한다는 책임감을 느낀다. 또한 담임교사
는 학부모, 동료교사 그리고 학생들의 불만이 크기 때문에 압박감
도 느낀다. 이밖에도 담임교사는 배우고자 하는 대다수의 학생이
자신의 권리를 찾기를 원한다. 따라서 다음에서는 먼저 담임교사
에 대해 언급하겠지만, 아울러 과목교사, 학교장 등도 동시에 적극
적으로 활동할 수 있다.

교실이 기술한 대로라면 담임교사나 과목교사들도 이미 많은 노
력을 했을 것이다. 전체 학생, 개별 학생 그리고 학부모와 대화가
오갔고 벌점을 주거나 질책했으며 추가 과제와 학교에 남아 있게

하는 등의 처벌이 있었을 것이다.

담임교사의 역할은 다음과 같다.

- 주도적으로 현재 필요한 조치를 취한다. 목표는 이 교실에서 가르치는 교사들을 한데 모아 함께 행동하도록 동기를 부여하며, 가야 할 길을 제시하고 그 길을 가도록 안내한다.
- 담임교사는 이런 노력을 직접 하고 싶지 않으면 책임지고 외부의 도움과 지원을 준비한다.

이런 대책을 실행하려면 앞 장에서 기술한 명확하고 존중하는 기본 자세와 함께 자신의 행동을 성찰하고 바꾸려는 자세가 필수적이다.

자신을 가장 잘 통제할 수 있는 사람은 자신이다. 따라서 여기서 제안할 전략들은 이 가정에 근거한다. 이에 반해 타인을 변화시키기는 어렵다. 체계론적으로 보면, 교실에는 뒤에서 기술하듯이 굳어진 갈등노선과 함께 매우 파괴적인 패턴이 고착되어 있다. 교사들은 이런 체계의 일부분이다. 교사들이 이전과 다르게 행동하는 것이 파괴적인 패턴을 깨는 가장 쉬운 방법이다. 모빌을 예로 들자면, 모빌은 한 곳을 건드리면 모든 것이 움직이기 시작한다. 교사가 이제 이전과 다르게 행동할 각오가 되어 있고 "학생이 먼저 변해야 한다."라고 주장하지 않으면 체계는 변한다. 파괴적인 패턴의 중단과 새로운 행동을 통해 새로운 생산적인 패턴을 만들 수있다.

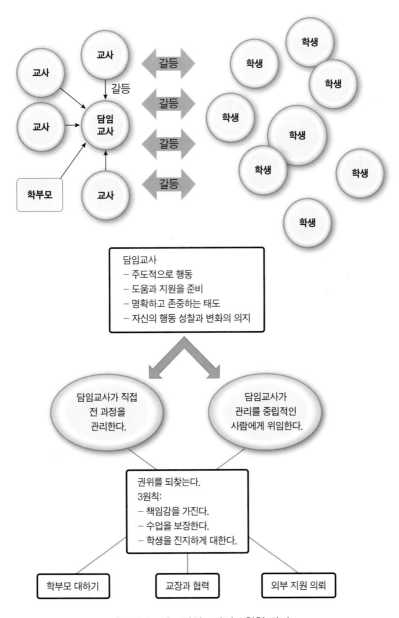

[그림 6-3] 담임교사의 3원칙 관리

1) 함정

앞서 언급한 갈등은 매우 감정적이고 개인적 상처를 포함하고 있으므로 다음과 같은 함정들에 주의해야 한다.

(1) "그럼 내가 본때를 보여 줄 거다!"

일부 또는 모든 교사가 이 교실에서 감정적으로 주도권 다툼을 한다면 갈등은 고조될 수밖에 없다. 교사와 학생 사이에 전선은 더 강해지고 학부모도 갈등에 참여하게 된다. 학교장도 자신의 입장을 취해야 하고 오직 수업에만 참여하려는 학생들도 편을 들어야 한다. 서로 물러서지 않겠다는 교사와 학생들의 대결 자세를 보면 그야말로 승자독식형 게임을 방불케 한다. 교사가 '승리'하더라도 이후에 교실에서 학생과 협력하기 매우 어렵다. 학생이 '승리'하면 그 교실은 '평판을 잃게 되고' 학생들은 자기충족적 예언(self fulfilling prophecy)대로 행동한다.

(2) "나는 이 교실에서 더 이상 가르칠 수 없다."

이런 교실에서 받는 스트레스를 고려하면, 교사가 이 교실에서 '도피'하려는, 즉 가능한 빨리 수업을 포기하고 싶은 마음을 이해할 수 있다. 결국 끊임없이 규칙을 강조하고, 수업을 받을 의지가 없는 학생들과 씨름하고, 학생들에게 경멸적이고 심지어 위협적인 말을 듣는 것은 결코 즐거운 일이 아니다. 그럼에도 불구하고 본인의 선택에 따른 결과를 고려하고, 그 장단점을 잘 비교해야 한다.

학생들은 규칙을 위반하고 반사회적으로 행동하면서 '교사'를 제거할 수 있다는 것을 학습한다. 가끔 "우리 때문에 전에 있던 A 교사도 도망갔어요. 그러니 우리는 다음 선생님도 그렇게 할 수 있어요."와 같은 학생들의 발언도 들을 수 있다. 이는 또 다른 영향을 준다. 즉, 학생들이 이미 교사를 제거한 적이 있기 때문에 후임교사는 두 배로 더 힘들어진다. 또한 힘든 교실을 포기한 교사는 학생과 학부모에게 줏대 없는 교사로 불리고, 무난한 교실을 맡더라도 경우에 따라서는 고초를 겪을 수 있다.

힌트 🔍

교사가 학기 중에 수업을 포기한다면, 반드시 그 원인이 되었던 학생의 부적절한 행동을 바로잡아야 한다. 그래야 수업이 재개될 수 있다.

---

(3) "나는 대충 이 학년을 때울 것이다."

학년 말이라면 이런 '울며 겨자 먹기'식 태도도 이해할 만하다. 아무리 좋은 계획이 있더라도 단기간에 급격한 변화를 이룰 수 없기 때문이다. 하지만 학년 말까지 아직 시간이 있는 경우, 이런 태도는 교사와 다른 학생들에게 피해를 주는 학생에게 안 좋은 행동을 할 빌미를 준다. 이는 학습 태도가 좋은 학생들이 양질의 수업을 받을 권리를 침해한다. 게다가 반사회적 학생들은 이 수업 시간에 교사의 '방해' 없이 자기 마음대로 할 수 있다는 것을 학습한다(정지 신호가 없는 교실). 이에 반해, 사회적인 학생들은 어른들이 도움을 주지 않은 존재라고 인식하고 수업을 위한 기본 규칙을 따를 필요가 없다고 배운다.

(4) "너네 마음대로 해! 배우고 싶지 않으면 네(학생) 탓이지."

이런 교사의 자세로부터 학생들은 자신들의 공부에 필요한 기본 자세가 어른들에게도 그다지 중요치 않다는 것을 배운다. 교사는 좋은 수업 분위기를 유지할 수 없는 무력하고 나쁜 교사라는 오명을 쓰게 된다. "학생들이 제대로 행동하지 않으면, 아무것도 제대로 배우지 못하는 것도 본인들의 책임이다."와 같은 무의식적이거나 때로는 공개적 비난으로, 규칙을 지키려 하는 다른 학생들도 수업 규칙을 지키지 않게 된다.

3. 유용한 전략

1) 권위 회복을 위한 3원칙

권위 회복을 위한 3원칙은 책임 인식, 수업 보장, 학생 존중을 기반으로 한다. 3원칙은 학생, 교사, 학부모 등 관련자들에게 고지된다.

[그림 6-4] **권위 회복을 위한 3원칙**

3원칙은 구체적 실행을 위한 핵심 요소이다. 각각의 원칙은 성공적 실행을 위한 기본 자세이다. 즉, 교사들은 학교체계에서 성인으로서, 그리고 가르치는 선생님으로서 자신의 책임을 적극적으로 수용한다. 교사들은 스스로 배우려는 모든 학생을 위한 학습과 양질의 수업을 가능케 하고 보장한다. 교사들은 학생의 의사결정과 주장을 진지하게 받아들이고 학생들이 스스로 학습에 책임질 수 있도록 한다.

여기서 제시하는 전략들의 최고 목표는 교사의 행위 능력을 회복하고 실추된 권위를 되찾는 것이다. 다음에서는 3원칙을 단계적으로 설명하고, 예를 들어 그 과정을 소개할 것이다. 각각의 단계는 몇 가지 간단한 이론적 원리들과 함께 기술되어 있으므로, 각 단계에 깔려 있는 핵심 사고를 확인할 수 있을 것이다. 경험에 따르면, 각 단계는 핵심 사고에 대한 이해 없이 기계적으로만 진행할 수 없다. 3원칙은 특히 교사들이 긴밀히 협력할 때 효과적이다. 여기에서 설명할 단계들은 담임교사, 과목교사, 학교장, 상담교사 또는 외부전문가에 의해 진행될 수 있다. 3원칙에 반대하는 동료교사가 있다면, 본인의 수업에서만 활용할 수 있다.

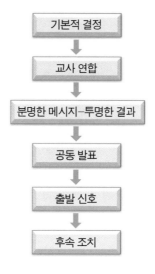

[그림 6-5] 3원칙 실행 단계

(1) 1단계: 기본적 결정

이 장에서 논의될 교실은 학생이 주인공이고 교사는 주변인으로 밀려나 있다는 인상을 풍긴다. 교사들은 학생들이 어떻게든 흥미를 갖도록 모든 노력을 기울이고 있고, 모든 수단을 동원하여 억지웃음까지 끌어내려고 한다. 교사들은 때때로 심지어 모욕을 당하거나 위협도 받으며, 종종 학생들이 존경하지도 권위를 인정하지도 않는다고 불평한다. 과거 교사들은 권위 덕분에 존중받을 수 있었으나 요즘은 그렇지 않다. 교사들은 권위를 잃었지만 변화를 위해서는 그 첫 단계로 자신들의 최소한의 권위만이라도 되찾아야 함을 깨달아야 한다. 이는 교사가 자신의 행동을 바꾸기로 결정한다는 의미이다. 교사는 학교장, 학부모 또는 심지어 학생들이 스스로 문제를 해결하고 개과천선할 것이라고 기대할 수 없다. 변화를 위해서는 학교장과 학부모의 지원이 있어야 하며, 학생들의 협력도 필요하다. 하지만 첫 단계, 즉 이 길로 간다는 기본적 결정은 교사로부터 시작되어야 한다.

모든 교사는 권위 회복이 쉽지 않다는 것을 명심해야 한다. 교사는 시간과 노력이 필요하다. 힘든 교실이 순식간에 서로 협력하여 배우고 교사의 권위를 존중하는 집단으로 쉽게 바뀌지는 않을 것이다. 이런 교실에 대해서는 기존의 대안이라도 많은 시간과 에너지가 필요하다. 따라서 평온, 훈계, 제재 및 후속 조치가 가능하기 위해서는 얼마나 많은 시간과 에너지가 필요한지 고려해야 한다. 이와 별도로 부정적 감정도 염두에 두어야 한다.

3원칙으로 무엇을 얻을 수 있는가

- 교사는 학생들과 학교의 목표에 따라 다시 수업을 할 수 있다.
- 이미 공부하고 싶었던 학생들은 어른들이 자신들에게 중요한 것을 하고 있음을 체험하게 되고, 자신들의 친사회적이고 규칙을 준수하는 행동으로 인정과 지원을 받는다.
- 반사회적 행동을 하는 학생들은 과거와 다른 새로운 결정을 하고 자신의 행동에 대해 책임질 기회를 갖는다.
- 학생들은 나이에 맞는 대우를 받고, 그 대우에 상응하는 결정을 내릴 수 있는 기회를 갖는다.
- 교사들의 협력이 변하고 서로의 지원이 중요해진다.
- 교사들은 더 이상 '희생자'가 아니기에 자신의 자리를 되찾고 새로운 자유를 찾는다.

권위는 여기서 모두 논의할 수 없는 여러 측면이 있지만, 교사가 권위를 되찾는 데 중요한 요소를 살펴보고자 한다. 3원칙을 적용하기 위해서는 교사들이 다음과 같은 자세들을 위해 의식적이고 적극적으로 다짐하는 것이 중요하다.

- 자신의 임무에 책임진다. 학생의 결정을 진지하게 받아들인다. 교사의 임무는 학교에서 양질의 수업을 하는 것이다. 따라서 교사의 의무는 학생들이 이 양질의 수업에 적극 참여하여 원하는 대로 배울 수 있도록 하는 것이다. 동기 연구 결과에 따르면, 수업이 아무리 좋더라도 학생이 원치 않으면 강요할 수 없다. 이는 학생이 어떤 이유에서든 학습에 반대할 수 있다는 사실을 받아들여야 함을 의미한다. 이러한 학생의 결정은 진지하게 받아들여야 하며 학생도 자신의 결정에 따른 결과에 책임을 져야 한다. 이는 또한 교사가 더 이상 압력을 가할 필요 없이 학생에게 결정권을 줄 수 있기 때문에 교사에게는 부담감이 없음을 의미한다. 힘든 교실에서 일어나는 많은 다툼은 교사가 학생에게 수업에 집중해서 배우고 참여하도록 설득하거나 강요하려는 데서 비롯된다. 따라서 학습은 학습자의 자율적 과정이므로 교사가 이길 수 없는 주도권 싸움이 발생한다. 압력을 가할수록 학생은 거부하고, 학생은 "압력을 가한다."라는 이유로 교사를 비난한다. 교사가 성적에 대한 책임을 학생에게 돌려주는 순간, 이런 다툼이나 압력은 더 이상 필요 없다. 반대로 교사는 학생의 결정을 진지하게 받아들이고 있

음을 강조할 수 있다. 그러나 교사는 교사로서의 의무, 즉 수업에 참여하기로 한 학생들에게 양질의 수업을 하는 것도 강조한다. 이렇게 서로 연관된 교사와 학생의 다음과 같은 기본 자세는 3원칙의 기초가 된다.

• **항상 존중한다.** 앞에서 기술한 것처럼 권위 회복의 과정은 상황에 따라 험난하기도 하고 도전적일 수도 있다. 학생들은 이 과정에서 정중하게 존중하는 행동을 하지 않고, 오히려 교사의 요구에 불평하고 비난할 것이다. 그리고 자신의 감정도 통제하기 쉽지 않을 것이다. 그럼에도 불구하고 교사로서의 최우선은 고함을 지르거나 비난하거나 냉소적 표현을 하는 것이 아니라 항상 학생을 존중하는 것이다.

• **분명한 메시지에도 불구하고 관계 형성을 제안한다.** 이 방법은 다음에서 기술할 분명한 메시지와 투명한 결과(3단계)에도 불구하고 교사가 학생들과 관계를 형성할 경우에만 성공할 수 있다. 예를 들어, 교사가 학생의 행동으로 학생과 대치하더라도 그 학생과의 상호작용은 어렵겠지만, 학생의 용납할 수 없는 행동에도 불구하고 학생 개인에게는 관심을 가질 것임을 분명히 한다. 교사는 학생들의 관심사를 위한 시간과 공간을 제공함으로써(p. 63 '학급회의' 참조), 교실 전체 학생에게 관계 형성을 제안할 수 있다.

• **자기주장.** 확신을 가지고 자신의 생각과 감정을 효과적으로 전달하는 방식, 즉 자기주장(assertivness)으로 교사는 자신이 원하는 것을 알고 있음을 증명해야 한다. 이를 위해서는 잃어버

린 자리를 되찾고 자신에게 중요한 것(규칙 준수)과 의무(양질의 수업)를 다할 확고한 자세가 필요하다. 또한 자기주장은 상당한 인내력이 필요하다. 즉, 참고 견디며 즉시 성공하지 못하더라도 반복하여 강조하고 보복에 겁먹지 않는다.

- **예측가능성.** 권위를 되찾기 위한 교사의 예측가능성은 3원칙의 핵심 요소이다. 예측가능성은 교사가 학생들에게 통보한 대로 정확히 실행한다는 것을 의미한다. 예측가능성을 통해 교사는 학생들에게 신뢰할 수 있는 파트너가 된다. 교사는 학생들이 활동할 수 있는 안전한 구조를 제공한다. 안전한 구조가 없으면 청소년들은 불안해한다. 학생들은 어른들이 말만 하고 실행하지 않는다는 것을 늘 경험한다. 이로써 교사는 신뢰를 잃고 학생들에게 불신을 받는다. 3원칙은 권위가 신뢰성과 개인적 진실성과 밀접한 관련이 있다고 가정한다. 따라서 교사는 권위를 회복하기 위해 예측 가능한 행동으로 학생들에게 신뢰할 수 있는 모습을 보여야 한다. 이는 교사가 자신의 행동(분명한 메시지, 투명한 결과)을 예고하고 실제 실행함으로써 이루어진다. 이를 위해 교사는 긍정적 또는 부정적 결과에 대한 조건을 임의적으로 변경하거나 결과를 임의적으로 악화시키거나 예고에도 불구하고 이전처럼 행동하지 말아야 할 것이다. 예전처럼 행동하면 학생들은 어른들은 역시 신뢰할 수 없고 예측할 수 없다고 생각하게 된다. 그 결과, 학생들은 어른들을 존경하지도, 그들의 권위를 인정하지도 않는다.
- **적절한 반응.** 수업이 불가능한 교실의 교사들은 대개 부정적

감정과 저항심으로 교실에 들어갔지만 이제는 그마저도 보류해야 한다. 감정이 격해지면, 예를 들어 코치, 상담자, 동료교사 등에게 이러한 사실을 털어 놓을 수 있는지 고려해야 한다. 학생들은 자신의 행동에 따른 예고된 긍정적, 부정적 결과를 공정하게, 그리고 교사의 반응을 적절히 인식해야 한다. 따라서 교사는 학생에 대한 가혹한 처벌과 복수는 물론 '보상' 요구를 철회해야 한다. 아울러 학생을 조롱하거나 체면을 깎는 행동을 멈추어야 한다.

- 인내심. 일회성 행동으로는 권위를 회복할 수 없다. 따라서 교사는 앞으로의 긴 여정을 위해 인내심이 필요함을 명심해야 한다. 상황이 더 좋아지든 나빠지든, 교사는 자신이 합의하고 공표한 것을 고수해야 하며, 과거 행동 패턴으로 돌아가서는 안 된다. 부담감을 줄이기 위해서는 목표로 가는 길을 여러 단계로 나누어야 한다. 섣불리 포기하지 않으려면 학생과 교사에게 현실적이고 성취 가능한 목표가 필수적이다. 선택한 중간 목표는 항상 쉽게 달성할 수 있는 것보다 약간 높아야 성취감을 느낄 수 있다.
- 평정심. 평정심은 학생들과 긴장 상태에 있거나 구체적 조치를 취하는 교사들에게 큰 도움이 된다. 교사가 학생의 규칙 준수 여부를 학생의 결정 사안으로 간주하면 상황은 전반적으로 더 완화된다.

교사는 이런 자세로 시작하기로 결정함으로써 다음 단계로 갈

수 있다. 이제라도 교사는 앞으로 '여정 관리'를 스스로 할 것인지, 즉 향후 과정 관리를 스스로 할 것인지, 아니면 전문가에게 위임할 것인지를 결정할 수 있다. 이 밖의 고려 사항은 '외부 지원' (p. 276 참조)에서 설명할 것이다.

(2) 2단계: 교사 연합

교사들은 권위를 되찾고 운신의 폭이 커짐으로써 서로 협력하고 돕게 된다. 이런 교실에서는 단 한 명의 교사만 시달리는 것이 아니기 때문에, 교사들은 서로 힘을 합치고 같은 방향을 향하여 협업하는 것이 합리적이다. 이를 위해 교육적 사안에 대해 한 목소리를 내거나 자신의 개성을 포기할 필요는 없다. 그러나 다시 수업을 가능하도록 한다는 최고 목표를 위해서는 자신의 행동을 바꾸고 통일된 방식에 합의하려는 의지와 각오가 필요하다.

많은 교사가 연합을 통해 얻을 수 있는 것이 무엇인지 질문할 수 있다. 그 이유는 협력을 하기 위해서는 시간과 에너지가 필요하기 때문이다.

연합이 필요한 이유는 다음과 같다.

• 슬픔은 나누면 반으로 줄어든다. 어려운 상황을 함께한다는 것은 개인의 부담을 던다는 것을 의미한다. 따라서 모든 사람이 상황에 대처하는 방법과 조치를 스스로 생각할 필요가 없다. 많은 경험과 자원이 함께 모이면 모두에게 유익한 결과를 얻을 수 있다. 즉, 모두가 강해질 수 있다.

- 협력을 강화한다. 3원칙에 따른 활동 초기에는 이런 방식이 통할 수 있는지, 이렇게까지 협력할 필요가 있는지, 정말 관리할 수 있는지에 대해 회의적이다. 하지만 교사들은 가장 힘든 교실이라도 조직화 덕분에 얼마나 빨리 변화할 수 있는지를 경험하면, 동료 간 새로운 결속력에 감사하고 자신의 역할이 강화되었다고 느낀다. 교사들이 협력할 의향이 별로 없다는 것은 합동회의가 체계적이지 않고 목표가 불분명하기 때문이기도 하다. 교사회의는 종종 소리를 지르거나 '화를 가라앉히는 것', 그 이상을 할 수 없기 때문에 회의를 최대한 피하거나 가능한 한 짧게 진행한다. 이렇게 보면, 3원칙은 목표 지향적이고 서로 지지하는 협력을 경험할 수 있는 기회이다.
- 학생들은 어른들의 책임 수용을 경험한다. 학생들이 '점하고' 교사가 소외된 교실의 학생들은 어른들로부터 무언가 변화하고 있다는 분명한 신호가 필요하다. 학생들은 교사들이 서로 도우면서 자신들에게 중요한 것과 자신들의 의무(즉, 가르치는 것)를 위해 강해지는 것을 경험하면, 그 자체만으로도 인상적인 영향을 받는다. '공동 발표' 이후에 말문이 막히고 놀라서 더 이상 규칙을 어기는 것을 완전히 잊어버릴 수도 있다.

2단계에서 이 과정을 이끌어 가는 담임교사는 모든 동료교사에게 3원칙을 알려서 모두 적극적으로 결정하도록 독려한다.

① 진행 방법

진행 방법

동료교사들과 합의

교사회의 Ⅰ

기본적인 준비 상태 질의

↓

3원칙에 따른 방법,
소요 시간과 협력 방법에 대한 정보

↓

교사들의 결정

[그림 6-6] 교사회의 진행 절차

• 교사회의 | 초대 및 참여. 회의 진행자는 약 60~90분 정도 교사 회의를 계획하고 초청장으로 공지한다. 학교장이 회의에 참여 하면 도움이 된다(pp. 275-276 참조).

• 과목교사들의 현재 상황에 대한 간단한 평가. 이 의제는 담임교 사가 직접 회의를 진행하거나 이미 여러 번 회의를 한 경우에 는 생략할 수 있다.

• 상황 변화를 위한 기본적 준비 상황에 대한 질문. 동료교사들이 기본적으로 자세히 살펴볼 준비가 되었는지에 대한 질문은 다 음과 같은 의제들을 듣는 데 중요하다. 일부 교실에서는 교사 들이 이미 수업 진도를 완료했다("아무것도 도움이 되지 않습니 다."). 또는 면밀히 살펴보면 교사들은 상황이 변해야 한다고 생각하지 않는다("지금 7반을 상대해야 하나요? 정말 더 나쁜 교실 들이 있습니다."). 이 지점에서 진행자는 다음과 같은 질문을 해 야 한다. "여러분은 우리가 7반의 상황을 새로운 관점으로 다 시 본다는 것에 동의합니까? 3원칙 단계를 소개한 다음, 우리는 이 원칙의 적용 여부를 함께 결정할 수 있습니다. 좋습니까?"

• 3원칙 단계 소개. 진행자는 기본 자세와 계획, 교사 간 협력의 의미와 목표 그리고 구체적 절차를 설명한다.

• 소요 시간 소개. 수업 이외의 필요한 시간은 일반적으로 중요 한 결정 사안이다. 3원칙이 성공하기 위해서는 동료교사들이 2~3번 이상의 교사회의를 위해 만날 각오가 되어 있어야 한 다. 교사회의는 약 2시간이 필요하고, 후속회의는 1시간이면 충 분하다.

- **협업 방법 소개.** 진행자는 또한 성공에 필요한 협업 방법을 투명하게 해야 한다. 동료교사들이 함께 교실에서 발표하고 공지할 준비가 되어 있는가? 동료교사들은 모든 세부 사항에 대해 150% 동의하지 않더라도 함께 결정 사항과 행동 방침을 따를 각오가 되어 있는가? 동료교사들은 참여하고 싶지 않다면, 3원칙에 따른 동료교사의 활동을 평가절하하지 않을 각오가 되어 있는가?
- **동료교사의 참여 여부 결정.** 교사회의 말미에 교사들은 자신의 동참 여부를 밝힌다. 동료교사들이 생각할 시간이 필요하다면, 다음 날 소회의를 개최하거나 교사들이 진행자에게 개별적으로 자신의 의사를 전달할 수 있다.

동료교사들이 함께하지 않는다면 어떻게 할 것인가? 모든 동료교사가 3원칙을 원하지 않을 수도 있다. 이런 경우에는 동의한 교사들이 다수를 차지하는지 확인해야 한다. 다수를 차지해야 3원칙을 실행에 옮길 수 있다. 과반수가 넘지 않으면 찬성한 교사들만 합의하여 함께할 수 있으나 공동 발표는 생략한다. 교사들은 자신의 수업을 위해 개별적으로 서로 합의하게 될 것이다.

경험에 따르면, 3원칙은 더 많은 동료교사가 모여서 함께 실행할수록 더 잘 작용한다. 그러나 학생들은 일반적으로 학습 능력이 매우 뛰어나기 때문에 한 명의 교사라도 이 시스템을 활용하여 수업이 좋아지면 빠르게 적응할 것이다. 그러나 학생들이 다른 교사들의 수업을 방해할 수 있으면, 일반적으로 행동은 지속적으로 변하지 않는다. 3원칙을 단독으로 실행하고자 하는 교사에게 추천하자면, 먼저 개발 및 실행을 돕는 사람과 어려울 때 함께하며 도움을 주는 후원자를 찾는 것이 중요하다. 후원자로는 학교와 상관없는 사람도 가능하다.

(3) 3단계: 분명한 메시지 - 투명한 결과

교사들이 연대하면, 즉 동료교사들이 3원칙을 준수하겠다는 의지를 표명하면 이제는 3원칙에 따라 실행하고 동료교사들과 학생들의 요구에 맞게 조율하는 것이 중요하다. 이는 교사들이 권위와 활동 영역을 되찾기 위해 먼저 부적절한 학생 행동을 함께 결정한다는 것을 의미한다. 이어서 교사들은 규칙을 명시하고 규칙 준수 여부에 따른 학급에 적합한 긍정적, 부정적 결과를 정해야 한다. 그리고 규칙 위반에 대한 일치된 대처 방법을 서로 조율한다. 이로써 가장 중요한 준비 작업이 완료된다. 이어서 공동 발표 시간, 공동 행동 시작, 관찰 기간 결정, 기록 방법 및 학생에 대한 피드백과 같은 일부 조직적 사안들이 정해져야 한다.

① 진행 방법
■ 교사회의 초대 및 참석

회의는 모든 회원이 동의한 진행자가 계획하고 진행해야 한다. 회의가 정해진 시간에 진행되려면 진행자는 개별 의사결정 과정을 통해 동료교사들을 이끌어야 한다. 다룰 주제는 다음과 같다.

주제 1: 수업을 방해하는 학생 행동을 기술하고 평가한다.

교사들은 수업을 불가능하게 하는 학생 행동 2, 3개를 진술할 수 있다. 진행자는 행동들을 사실대로 기술하는지 확인해야 한다. "A 학생은 항상 있을 수 없는 행동을 한다."라는 진술로는 관찰 가능한 행동과 관련 규칙을 도출할 수 없다. 수업 시간에 허락 없이 이야기하기, 교실에서 뛰기, 수업 중 음식 섭취, 물건 던지기, 수업과 무관한 행동 등이 학생들이 하는 구체적 행동이다. 숙제 미제출, 지각, 과제 지침 위반 및 무시, 동료학생이나 교사에 대한 경멸적이고 해로운 행동 등도 종종 언급된다. 학생들의 특성과 교사마다 생각하는 수용의 경계가 다르기 때문에 교실마다 고유한 모임이 형성된다.

학생들의 행동을 모으면 대개 이미 수집 과정에서 대부분의 교사가 방해라고 인식하는 행동들이 명확해진다. 그렇지 않은 경우에는 다시 함께 행동을 평가할 수 있다. 미리 행동을 기록해 두면 도움이 되지만, 머릿속으로 분류하는 것도 가능하다. 견디기 어렵지만 어떻게든 잘 지낼 수 있는 행동을 초록색 카드에 적어 탁자위해 쌓아 놓는다. 노란색 카드에는 실제로 견딜 수 없는 행동이지만 자세히 살펴보면 더 나쁜 행동을 적어 쌓아 놓는다. 마지막으로, 정말 견딜 수 없고 수업을 불가능하게 하는 행동 하나를 빨간색 카드에 적어 쌓아 놓는다. 예를 들어, 주로 수업 시간에 끼어들거나 떠들어 수업을 방해하는 행동을 적는다.

주제 2: 행동 규칙 정하기

동료교사들이 행동 분류에 동의하면(예: 모든 교사가 언급하거나 빨간색 카드에 적혀 있다), 함께 해당 행동에 대한 규칙을 정한다. 이 규칙은 제3장에서 기술한 유용한 규칙 설정 원칙에 부합되어야 한다. '우리' 또는 '사람' 대신에 '나'로 표현하고("나는 내 차례일 때만 말한다."), '예의 바른' '친절한' '깔끔한' 등 주관적으로 말할 수 있는 형용사 대신 관찰 가능한 행동("감사합니다." "부탁합니다."라고 말한다), 최대 하나의 접속 부사 '그리고'가 포함된 단문("나는 숙제를 해 왔다.")뿐만 아니라 원하는 행동에 대해 '아니다' '없다' 대신에 원하는 행동을 긍정적으로 기술한다("나는 교실에서 뛰지 않는다." 대신에 "나는 수업 시간에 내 자리에 앉는다.").

이에 대해 종종 또 다른 행동들도 방해되므로 동시에 적절한 조치가 필요하다는 이의가 제기된다. 물론 맞는 말이다. 그러나 경험에 따르면, 교사와 학생 모두 한두 개 이상의 규칙을 지속적으로 준수하기 어렵다. 따라서 먼저 이 한 가지 규칙으로 시작하여 다른 규칙들이 무효화되지 않도록 한다. 이 한 가지 규칙은 3원칙에 따라 모든 교사가 일관되게 요구해야 한다. 경험에 따르면, 일관된 요구는 다른 기존 규칙의 준수에도 영향을 미치는 것으로 나타났다. 왜냐하면 학생들은 자신들의 규칙에 대해 어른들이 책임진다는 것을 알기 때문이다.

> 힌트 🔍
>
> • 규칙은 하나 또는 최대 두 개로 제한한다.
> • 어떤 학생도 많은 규칙을 지속적으로 준수할 수 없으며, 교사도 많은 규칙을 지속적으로 관찰할 수 없다.
> • 너무 무리하지 않는다!

주제 3: 학생이 규칙을 준수하기로 결정하면 긍정적 결과가 따른다

규칙이 정해지면, 이 규칙을 준수하기로 결정한 학생들은 무엇을 얻을 수 있는지를 고려해야 한다. 학교는 학생들에게 규칙 준수와 함께 학생들이 자발적으로 할 필요가 없는 것들을 요구한다. 그럼에도 불구하고 매우 힘든 교실에서도 무언가를 배우고 싶고 수업이 진행될 수 있도록 노력하는 학생들이 있다. 하지만 안타깝게도 이런 교실의 교사들은 수업을 방해하는 행동에 집중하고 방해하는 학생들에게 많은 시간과 에너지를 쓰게 된다. 교사들은 종종 수업을 돕고 지원하는 학생들을 무시하기도 한다. 또한 이런 학생들은 종종 '방해자'("너희들은 최악의 학급이야!")로 불리거나 단체 처벌로 동기와 의욕을 잃기도 한다("오늘 학생 여러분들은 다시 당치 않는 행동을 했기 때문에 모두 더 많은 숙제를 해야 합니다!"). 이런 학생들은 규칙에 따라 행동할 가치가 없다는 것을 분명히 배우고, 왜 더 열심히 노력해야 하는지 자문한다. 이에 대해 결정한 규칙을 준수하면 긍정적 결과가 따른다는 것을 명시함으로써, 수업을 받는 학생들은 교사에게 잊히지 않고 자신들의 노력이 인정되며 보상을 받을 것임을 알게 된다. 동시에 이런 노력은 보상을 받기 때문에

긍정적 결과는 다시 규칙을 준수하기로 마음먹는 계기가 된다. 따라서 긍정적 결과는 학생들이 인센티브, 즉 실제로 원하며 노력한 가치가 있는 것으로 인식할 수 있어야 한다.

예

학생들에게 직접 물어보면, 긍정적 결과는 숙제 면제, 준비물 미비 또는 지각 대체, 휴식 시간, 수업 대신 운동 또는 놀이, 선물 상자나 사탕 등 다양하다.

힌트 🔍

교사는 시간, 관심 등 학생들이 좋아하는 것 또는 특히 놓칠 수 있는 것도 염두에 둔다. 그리고 교사로서 할 수 있는 것과 지원할 수 있는 것을 정한다. 또한 학생들에게 제안하도록 요청할 수 있다("학생들이 좋아하는 것은 무엇인가요? 원하는 것이 무엇인가요? 제안해 보세요! 제안하면 선생님이 보고 결정할 것입니다."). 그러나 학생들에게 최종 결정은 어른이 할 것임을 분명히 한다.

"당연한 것을 왜 선생님이 학생들에게 보상해야 하나요?"라며 이의를 제기할 수 있다. 이에 대한 답은 다음과 같다. 여기서 언급하는 교실에서는 수업이 가능하도록 행동하는 것이 당연하게 간주되지 않는다. 따라서 이전과 다르게 무언가를 하는 것이 중요하다. 긍정적 결과는 학생들이 노력하고 수업에 전념하면 교사가 이를 지켜보고 보상한다는 것을 의미한다. 또한 긍정적 결과는 학부모와 협력하여 처벌이 아니라 수업에 관한 것임을 분명히 하기 위한 좋은 논거이다. 특히 바람직한 긍정적 결과가 정해지면, 관리 능력을 발휘할 수 있는 매우 훌륭하고 장기적으로 효과적인 수단을 확보하게 된다. 이는 이러한 조치의 또 다른 효과이다. 긍정적 결과는 규칙을 준수하려는 동기로 작용한다. 이렇게 학생은 자신의 행동을 스스로 통제할 수 있음을 알게 되고, 교사는 이를 지원한다. 그리고 한 가지 규칙으로 자신의 행동을 통제할 수 있는 사람은 다른 규칙으로도 똑같이 할 수 있다.

동료교사들이 모두가 수용한 긍정적 결과를 정하면, 몇 가지 실질적 고려 사항을 따라야 하며 교사회의에서 긍정적 결과가 정확히 어떻게 작용하는지를 정해야 한다. 예를 들어, 긍정적 결과를 숙제 면제로 정하면 특정 과목의 숙제에만 유효한지, 하루 동안 모든 숙제에 유효한지, 특정 기간 내에 사용해야 하는지, 학년 말까지 유효한지 등을 정해야 한다. 숙제 및 준비물 면제는 거래 대상이 되지 않도록 주의해야 한다.

힌트 🔍

이 지점에서 긍정적 결과를 소개하면 학생들이 어떤 질문을 할 것인지 생각해야 한다. 이런 생각은 일반적으로 규칙을 정하는 데 좋은 길잡이가 된다. 향후 학생들이 예상치 못한 질문을 하는 경우, 최종 답변을 하기 전에 먼저 동료교사와 협의한다.

주제 4: 규칙을 따르지 않기로 한 학생이 택한 (부정적) 효과

앞에서 3원칙에 대한 기본 자세에 대해 언급했듯이, 이 원칙에는 학생에게 부여한 결정권("학생은 규칙 준수 여부를 결정할 수 있습니다. 학생이 결정하세요!")과 이 학생의 결정을 수용하는 것이 중요하다. 하지만 학생의 결정에는 그에 따른 결과가 뒤따른다. 규칙을 준수하기로 결정하면 긍정적 결과를 기대할 수 있다. 학생은 규칙을 따르지 않기로 결정해도 당연히 영향을 받는다. 이런 결과는 학생의 결정에 따른 논리적 귀결로서 처벌이 아니다. 처벌은 학생들에게 직권으로 벌을 줄 수 있다는 신호를 보낸다. 그러나 3원칙은 권력("학생은 선생님이 말한 대로 한다.")이 아니라 책임감에 기반한다("선생님은 학생의 결정을 존중합니다. 하지만 수업이 진행될 수 있도록 하는 것은 선생님의 의무입니다. 학생이 규칙을 어기면 다른 학생들이 좋은 수업을 받기 위해 학생은 이 교실을 떠나야 합니다."). 따라서 어떤 학생이 규칙을 지키지 않기로 결정하면, 이에 따른 논리적 결과는 교사가 본연의 의무를 다할 수 있도록 이 학생에게 다른 장소를 제공하는 것이다. 이 학생이 남은 시간을 보낼 수 있는 장소는 휴게실, 연습실, 공용실 등이 될 수 있다. 이후 단계(학생은 어떻게 지정된 장소로 가는가? 그 지정된 장소에서 무엇을 하는가? 어떻게 돌아오는가?)는 정해져 있으면 좋다. 이 학생이 있을 수 있는 장소가 정해져 있지 않은 경우에 다음과 같은 대안이 있을 수 있다.

- 학생은 교실에 분리된 책상에 앉는다.
- 학생은 열리거나 닫힌 교실문 앞에 앉는다.

- 학생은 다른 교실로 가서 분리된 책상에 앉는다.
- 학생은 교사가 감독할 수 있는 장소(예: 공용실)나 교무실 앞에 앉는다.

이 모든 경우에 규칙을 준수하지 않기로 결정한 학생은 스스로 자신을 기록하도록 한다. 예를 들어, 3원칙 카드(p. 302)에 학생 이름, 일시, 교사, 수업 시간을 기록하게 하고 원하는 경우에 규칙이 왜 중요한지 다시 한번 생각하도록 한다. 어떤 경우든 이 학생은 규칙을 준수하지 않기로 결정했지만 해당 과목을 스스로 공부해야 하는 의무를 피할 수 없다는 점도 명심해야 한다("학생은 수업 내용을 누구에게 물을 것인가?").

> **힌트** 🔍
>
> 교사는 학생의 기록에 대해 개입도 훈계도 하지 않는다. 학생은 스스로 규칙에 대해 생각함으로써 무엇이 중요한지 파악할 수 있다. 따라서 교사는 훈계하지 말아야 한다. 훈계는 학생과 학부모의 저항만 일으킬 뿐이다. 학생이 이름과 일시 그리고 빠진 수업을 적고 지루해하더라도, 그의 결정은 존중되어야 한다.

해당 교실의 교사들이 어떤 선택을 하는지는 적절한 장소와 함께하려는 의지에 따라 다르다.

전략

어떤 교사들은 '그림자 수업'이 동시에 진행될 수 있도록 수업 시간
표를 짠다. 이로 인해 한 학생이 '힘든 교실'에서 수업을 했던 교사의
교실로 보내졌다. 다른 학교에서는 학생이 교장실 앞에 앉은 경우도
있었다. 또 다른 경우에는 적당한 장소가 없어서 교실에 칸막이나
파티션을 설치했다.

이와 관련하여 다양한 반론이 있다. 수업에 빠질 수 있어서 오히
려 좋아하는 학생들이 있을 수 있다. 그러면 다른 학생들도 따라서
결국 모두 교실에서 나가게 된다. 실제로 일부 학생들에게는 언뜻
보기에 수업에 빠지는 것이 환영할 만한 변화로 보일 수 있다. 그
러나 면밀히 살펴보면 그 결과는 불쾌한 점들이 있다. 즉, '밖에 앉
는다'는 것은 지루하고, 이 학생은 전혀 관심을 받지 못한다. 또한
대부분의 학생은 결국 수업 목표를 달성하기를 원하며 몇 번의 시
도 후에 결국 수업에 참여하기로 결정한다. 이런 효과는 교사가 학
생의 개인적 책임을 일관되게 강조하고 신속하게 수업을 재개하면
더 빨라진다. 또한 학생들은 즉시 토론을 시작하려 하고 자신들이
아무것도 하지 않았으며, 교사가 불공정하다고 할 수 있다. 이런
경우, 불만을 듣고 토론하는 데 수업 시간을 뺏길 수 있다.

하지만 이런 토론을 피할 수 있는 방법이 있다. 학생은 부당한
대우를 받았다고 충분히 느낄 수 있다. 학생은 3원칙 카드로 이 조
치에 대한 견해를 제시할 수 있다. 교사는 수업 후 이 학생에게 대
화를 제안할 수 있다. 예를 들어, "선생님은 학생의 차례가 아니었

는데 말하는 것을 보았어요. 부당한 대우를 받았다고 생각되면 3원칙 카드에 적어서 나중에 논의할 수 있습니다. 하지만 지금은 이제 수업을 진행하는 것이 선생님의 일입니다!"라고 말할 수 있다.

또 다른 반론은 이 학생이 교실이 아니라 다른 곳에 있을 때 감독의 의무에 관한 것이다. 이 학생은 정해진 장소(예: 휴게실, 교무실 앞, 교실 앞)에 있으면서 감시를 받는다고 느끼기 때문에 감시를 받지 않는 것이 아니다. 따라서 감시를 위해서는 때때로 누군가가 이 학생을 확인하거나 교사가 잠시 방문해야 한다. 이와 관련한 규정은 학교장과 협의하는 것이 중요하다. 고등학생의 경우는 학생 스스로 지정된 장소(예: 교무실)로 찾아갈 수 있다고 가정할 수 있다. 또 다른 질문은 이 학생이 교실에 있는 3원칙 장소에서도 규칙을 준수하지 않겠다고 결정하면 어떻게 할 것인가이다. 교실에 있는 3원칙 장소는 가능한 한 접촉이 적은 곳이어야 된다. 교사는 또한 의식적으로 3원칙 장소가 아니라 수업에만 집중해야 한다. 교사로서 학생을 무시하는 게 쉽지 않지만, 이는 매우 효과적인 방법이다. 이 학생은 항상 자신의 행동에 대해 많은 관심을 받았기 때문에 교사는 인내심을 가져야 한다. 교사는 3원칙 장소에 앉아 있는 이 학생이 아닌 교실의 학생들과 대화하며, 이 학생은 규칙을 어기고 3원칙 장소를 결정했으므로 이제는 교사나 다른 학생들이 자신의 의견에 답하기를 기대할 수 없다고 강조한다("A 학생은 규칙을 지키지 않기로 결정했으므로 교실을 떠나야 했습니다. 선생님은 A 학생이 수업에 참여하길 원한다는 것을 이해합니다. 하지만 A 학생은 교실을 떠난다고 결정했기 때문에 지금은 A 학생의 요구에 맞출 수 없습니다. 반면, 다른 학생 여러분은 규칙을 준수하기로 결정했기 때문에 좋은 수업을 받을 것입니다."). 경험에 따르면, 부가적인 결정(교실을 떠남, 학교장 개입, 학부모 소환)이 필요한 경우는 거의 없다.

힌트 🔍

교사는 자신의 입장을 고수한다. 학생은 규칙을 따르지 않기로 결정했다. 교사는 학생의 결정을 존중한다. 학생은 자신의 결정이 수업에 참여할 수 없음을 의미한다는 것을 알고 있다. 교사는 무시의 효력을 믿는다.

주제 5: 교사의 일치된 반응

교사들이 공지뿐 아니라 모든 수업 시간에 공동의 입장을 취하기 위해서는 일치된 반응에 합의하는 것이 좋다. 학생이 규칙을 준수하지 않기로 결정하면, 이에 대해 모든 교사가 일치된 반응을 해야 한다.

예

규칙을 지키지 않는 학생에게 교사가 "학생은 무엇을 하고 있나요?"라고 묻는다. 학생은 자신이 무엇을 하고 있는지를 말한다. 학생이 대답을 할 수 없거나 "아무것도 하지 않습니다."라고 하면, 교사는 자신이 목격한 것을 기술한다.

교사: 학생이 위반한 규칙이 무엇이지요?

[학생이 규칙을 말한다.]

교사: 학생은 규칙을 지키기로 했나요, 아니면 위반하려 했나요?

• 학생은 규칙을 지키기로 결정한다.

→ 학생은 수업에 참여할 수 있다(교사는 누가 결정했는지를 알기
   위해 학생의 이름을 칠판에 적는다). 그런데 학생이 규칙을 위
   반했다. 이 학생은 규칙을 지키지 않기로 했음으로, 그에 따른
   결과를 감수한다. 다시 말해, 학생이 규칙을 다시 어길 경우에
   교사는 상의나 훈계 없이 학생에게 3원칙 카드를 주고 지정된
   장소로 보낸다.

• 학생은 규칙을 준수하지 않기로 결정한다.

→ 교사는 학생에게 상의나 훈계 없이 3원칙 카드를 주고 지정된
   장소로 보낸다. 학생은 수업이 끝날 때까지 3원칙 장소에 있는
   다. 학생은 수업 내용을 스스로 보충해야 한다. 수업이 끝나면 작
   성한 3원칙 카드를 교사에게 제출하고, 교사는 이를 기록한다.

　이런 반응은 많은 사례에서 입증되었다. 첫 번째 질문인 "학생,
지금 무엇을 하고 있나요?"는 일부 학생들에게 자신이 하고 있는
행동에 대해 처음으로 생각하는 계기가 됨과 동시에 그 행동을 중
단하도록 한다. 두 번째 질문인 "학생이 위반한 규칙은 무엇인가
요?"는 규칙을 상기시킨다. 이 질문은 학생들이 나중에 수업에 참
여할 수 없는 이유를 몰랐다고 주장하거나 실제로 생각하는 것을
방지한다. 세 번째 질문인 "학생은 어떤 결정을 했나요?"는 학생이
적극적으로 결정하도록 하고, 그 결정의 결과를 학생이 정하도록

한다. 이 질문은 학생이 결정하고 교사는 임의로 행동하는 것이 아니라는 점을 분명히 하므로 생략해서는 안 된다.

> **힌트** 🔍
>
> 언어 사용에 있어서 3원칙과 관련하여 '처벌'이라는 단어는 쓰지 않는다. 처벌은 권력 행사를 의미한다. 학생이나 학부모가 '처벌'을 언급하더라도 교사는 "학생 또는 학부모님이 결정할 사안입니다. 그 결정에 따르는 결과를 알고 있지요."라고 정정하여 강조한다.

일부 교사는 이 모든 것이 너무 복잡하다고 생각할 수 있다. 물론 이 방법이 지금까지의 기존 방법과 사뭇 다르고 처음에는 복잡해 보일 수도 있다. 하지만 과거의 대처 방식은 분명히 효과적이지 못했다. 3원칙 방법은 간단하다. 일단 3원칙의 핵심을 이해하면 교사로서 진지하고 일관되게 학생을 책임지고 지속적으로 수업을 가능하게 할 수 있다. 또한 모든 교사는 이 길을 함께 갈지의 여부를 자유롭게 선택할 수 있다. 너무 많은 의심이나 저항심이 생기면 이 3원칙과 결별하는 것이 더 낫다. 물론 일부 단순화도 생각할 수 있다.

- 앞의 첫 번째 질문("학생, 지금 무엇을 하고 있나요?")을 교사의 행동에 대한 설명으로 대체할 수도 있다("선생님은 학생이 말만 하고 행동하지 않는다는 것을 알고 있습니다!").
- 두 번째 질문("학생이 위반한 규칙은 무엇인가요?")을 상징적으로

강조한 규칙이나 "학생은 규칙을 알고 있습니다."라는 문구를 가리키는 것으로 대체할 수도 있다.

• 그러나 세 번째 질문("학생은 어떤 결정을 했나요?")은 생략해서 는 안 된다.

경험에 따르면, 교사의 질문은 학생들로 인해 순식간에 짧아진 다. 따라서 일반적으로 해당 학생은 교사의 첫 마디에 "네, 네, 여 기에 있으면 되는 거지요!"라고 한다. 노란색 카드와 빨강색 카드 를 사용하여 질문이 더 단순해질 수 있다. 노란색 카드는 '칠판에 이름을 쓰는 대신 규칙을 준수하기로 하고 자기 책상에 있는다' 빨 강색 카드는 '수업을 받지 않는다'를 각각 의미한다. 때로는 한 명 또는 다수의 교사가 함께 사용하는 질문표도 있다. 이런 경우에는 학생들에게 이미 알려진 질문표를 사용해야 한다.

교사들은 때때로 교실을 떠나기 전에 중간 단계를 두고자 한다. 예를 들어, 규칙을 지키지 않은 학생의 책상에 주황색 카드를 놓아 또 다시 규칙을 위반하면 결정할 것임을 환기시킨다. 이 중간 단계 는 저학년이나 '적응 단계'에 있는 학생들에게 유용하다.

주제 6: 조직화

조직적인 세부 사항을 확정하기 위해 먼저 긍정적 결과를 얻기 위한 시간과 조건들을 살펴본다. 3원칙에서 강조했듯이, 수업이 다시 가능하기 위해서는 긍정적 결과로 학생들에게 규칙을 지키고 자 하는 동기를 부여하는 것이 중요하다. 이는 긍정적 결과가 예측

가능한 미래에도 달성할 수 있어야 함을 의미한다. 긍정적 결과로서 '숙제 면제'가 몇 달 후에 가능하다면, 동기부여가 다소 떨어질 수 있다. 기간이 너무 길면 필요한 노력에 비해 긍정적 결과가 중요하지 않다고 여길 수 있다. 그러므로 긍정적 결과는 학생들이 투입한 노력에 상응해야 한다. 따라서 첫 번째 관찰 기간을 정할 시, 작은 노력으로 학생들의 2/3에서 3/4까지 현실적으로 긍정적 결과를 얻을 수 있는지 확인해야 한다. 나머지 1/3에서 1/4까지도 긍정적 결과를 얻을 수 있어야 한다. 학생들이 전반적으로 어차피 목표를 달성하지 못할 것이라고 생각하면, 좌절감에 포기하고 교사들도 실망한다. 이 목표가 달성 가능해야 한다는 것은 긍정적 결과를 얻기 위한 세부 조건들에도 중요하다. 다루기 힘든 교실에서는 4주의 관찰 기간에 소수의 학생만이 3원칙 카드를 받지 않을 수 있다. 따라서 긍정적 결과가 나오기 위해서는 달성할 목표와 이를 위한 조건들을 신중히 검토해야 한다.

주요 원칙

힘든 교실일수록 처음 관찰 기간이 짧아지고 세부적 조건들도 관리하기 쉽다. 대부분의 학생은 빠르게 성공을 경험할 수 있다. 성공만큼 동기를 부여하는 것도 없다.

학생들은 스스로 통제할 수 있고 무언가를 성취하면 기분이 좋다는 것을 파악하고, 이를 인센티브 시스템으로 강화하면 다음 관

찰 기간에는 더 쉬워진다. 힘든 교실에서는, 예를 들어 관찰 기간
은 2주, 3원칙 카드는 2개가 가장 적합하다. 향후 관찰 기간을 연
장하거나 목표 달성을 위한 조건들을 강화할 수 있다. 예를 들어,
관찰 기간을 학기 중으로 한정하고 대다수의 학생을 위해 가능한
세부 조건들을 꼼꼼이 규정할 수 있다.

관찰 기간 종료와 함께 긍정적 결과들을 나누려면 기록이 필요
하다. 3원칙 카드로 작업하는 경우, 기록은 관찰 기간마다 긍정적
결과들을 모아서 학생명부에 기입하는 것을 의미한다. 이로써 어
떤 학생들이 긍정적 결과를 위한 조건을 충족했는지 한 눈에 볼 수
있다. 때때로 교사들은 얼마나 많은 학생이 규칙을 준수하는지를
보고 놀란다. 관찰 기간이 끝나면, 담임교사는 원칙적으로 조건을
충족한 모든 학생에게 약속한 보상을 준다. 또한 학생들은 자신이
성취한 것과 자신의 결정으로 수업이 가능하게 된 것에 대해 칭찬
과 관심을 받는다. 그러나 목표를 달성하지 못한 학생들은 긍정적
또는 부정적 관심을 받지 못한다.

힌트

교사는 약속한 보상을 한 후에 성취하지 못한 학생들을 괴롭히지 않는다.
호소하거나 훈계도 하지 않는다. 단지, "다음 기간, 즉 다음 주에 모든 학생
이 다시 긍정적 결과를 얻을 수 있는 기회를 갖게 될 것입니다."라고 한다.
이것으로 충분하다.

여러 관찰 기간에 대한 기록들을 차례대로 살펴보면, 학생 개개

인의 변화 사항을 쉽게 파악할 수 있다. 예를 들어, 한 학생이 처음 2주 동안 3원칙 카드를 6개 모았고, 다음 기간에는 3개만 모았다. 이 3개는 긍정적 결과를 위해 충분하지 않지만 분명한 개선을 의미한다. 개선 사항은 피드백을 통해 긍정적으로 강조하고 다음 기간을 위한 격려와 함께 고무한다(예: "A 학생, 학생의 3원칙 카드가 6개에서 3개로 더 좋아졌어요. 정말 잘한 거예요. 이번에는 보상을 받을 수 없지만, 다음번에는 잘 할 수 있다고 확신합니다."). 기록은 또한 학부모와의 대화를 위한 좋은 자료가 될 수 있다. 따라서 '일반적 관찰'에 그치지 않고 조치가 필요한 부분을 학부모에게 알려 줄 수도 있다. 기록 보관, 학생에 대한 피드백(담임교사가 주로 함) 그리고 반환된 통신문의 재송신 방법은 교사회의의 동료교사들과 함께 결정한다. 교사들이 3원칙 실천 사항들에 대한 동의에 이어 해야 할 것은 실제로 실행 시기를 정하는 것이다. 먼저, 학생들에게 분명한 메시지와 투명한 결과를 상세히 설명해야 한다. 공동 발표를 위해 모든 교사와 학교장이 참여할 수 있는 회의 일정을 정하는 것이 좋다. 회의는 보통 5분이면 충분하다. 모든 교사가 참석할 수 없는 경우, 자격을 갖춘 과반수의 교사와 학교장이 참석해야 한다. 또한 공동 발표를 통해 공지된 시스템에 따라 교사들이 언제부터 활동할지 학생들에게 공지한다. 공지와 게시 사이는 하루 이상을 넘지 않는 것이 좋다. 게시는 방학 직전이 아닌 주초와 주중 중반 사이의 요일로 정하는 것이 좋다.

■ 회의 종료

힘든 학생들에 대해 많이 논의했으므로, 긍정적 결론을 내리는 것이 중요하다. 따라서 모든 어려움에도 불구하고 교사들이 이 교실에서 잘 진행되고 있다고 생각하는 것들을 서로 나누는 시간으로 회의를 종료한다.

(4) 4단계: 공동 발표

공동 발표와 함께 3원칙을 적극적으로 실행하기 시작한다. 실행함으로써 학생들에게 분명한 메시지와 투명한 결과 시스템을 설명하고, 한편으로는 모든 교사와 학교장에게 공지하여 이제 어른들이 자력으로 문제를 해결하고 학생들에게 정당한 공간을 제공함으로써 권위를 되찾을 수 있음을 알린다.

① 진행 방법

교사들과 학교장이 약속한 시간에 교실 앞에서 만난다. 학생들은 이에 대해 미리 알지 못한다. 교사 대표는 대개 담임교사로서 교사들과 학교장이 학생들에게 전달하고자 하는 사항을 함께 결정했다고 학생들에게 알린다.

예

"우리 선생님들과 교장선생님은 여러분에게 알리고 싶습니다. (잠시 멈춤) 이 교실에서 수업을 할 수 있고, 배우고 싶은 학생은 누구나 배울 수 있는 것이 우리의 의무입니다. (잠시 멈춤) 그러므로 우리는 다음과 같이할 것입니다. (잠시 멈춤) 지금/내일부터 우리는 여러분에게 수업을 위해 필요한 규칙을 요구할 것입니다. 우리는 여러분을 강요할 수 없습니다. 따라서 규칙 준수 여부는 여러분이 스스로 결정할 수 있습니다. 그러나 우리는 여러분의 결정이 어떤 결과를 낳을지도 알리고자 합니다. (잠시 멈춤) 규칙을 준수하기로 결정한 사람은 누구나 우리로부터 ……을 받을 것입니다. 규칙을 따르지 않기로 결정한 사람은 이 교실을 떠나야 합니다. 배우고자 하는 모든 학생이 이 교실에서 배울 수 있도록 하는 것이 우리의 의무이기 때문입니다. 이는 모든 교사가 함께할 것입니다."

공지는 과목교사들이 다시 수업을 할 수 있을 때까지 이어질 수 있다. 담임교사는 분명한 메시지와 투명한 결과 시스템의 세부 사항들을 설명한다. 관찰 기간과 함께 긍정적 결과를 얻기 위해 달성해야 할 조건과 규칙을 위반할 경우에 교사들의 행동을 설명한다. 이에 대해 학생들이 질문을 할 수 있다. 물론 학생들의 반응은 당연히 교실 역동에 따라 다양하다.

일반적으로 학생들은 교사들의 공동 행동에 처음에는 말문이 막힌다. 대부분의 힘든 교실에서 학생들은 어른들이 실제로 일치하는 것을 본 적이 없다. 학생들은 지금까지 교사들끼리 다투고 다양한 제재 방법이 서로 부딪히는 것을 경험했다. 공지만으로도 벌써 행동 변화를 보이는 교실도 있다. 질문은 일반적으로 침묵에 이어 집중적으로 이루어진다. 학생들은 이제 상황이 어떻게 될지 정

확히 알고 싶어 한다. 많은 질문은 "그리고 만약······."으로 시작한
다. 매우 가능성이 없는 가상 상황을 묻는 학생들도 있는데, 모든
질문에 답할 필요는 없다. 예를 들어, "실제로 상황이 벌어지면 선
생님들이 결정합니다." 또는 "선생님은 그것이 일어나지 않을 것
이라고 확신합니다. 그러나 발생하면 선생님이 결정합니다."와 같
이 말할 수 있다. 물론 지금까지 동의한 학생들이 공지한 내용에
대해 저항할 수도 있다. "감옥에 있는 것 같다!" "전학 갈 수 있다!"
등 학생들의 이런 반응은 드문 일이 아니다. 이에 대해 불평이 있
기 마련이라고 생각하며 반응하지 않거나 침착하게 교사의 의무를
다시 한번 되새긴다("우리는 수업을 하는 것이 의무이기 때문에 수업
을 합니다. 여러분 각자도 스스로 결정할 수 있고 그 결과를 알고 있습니
다.").

공지하는 동안 말을 하지 않는 동료교사들도 편안하고 분명한
자세, 확고한 입장, 학생들과 눈 맞춤, 세심한 표정 등의 신체적 언
어로 3원칙이 발표된 절차에 대해 함께 책임을 다할 것임을 표현
해야 한다.

공지 사항은 짧은 문장으로 발표해야 한다. 휴식 시간은 학생들
이 숙고할 수 있는 유용한 시간이다. 발표할 때 수업 실현에 대한
교사의 의무와 책임이 최우선임을 강조해야 한다. '처벌'이라는 단
어를 사용해서는 안 되며, '내쫓다' 또는 '추방'과 같은 단어도 피해
야 한다.

힌트 🔍

미리 공지 내용을 작성하고 비판적인 동료교사들과 공지를 몇 번 연습한다. 규칙을 플래카드에 쓰는 것도 도움이 된다. 시작 신호와 함께 플래카드를 교실에 걸 수 있다. 또한 규칙 위반 시 교사들의 합의된 대응 과정을 시각화하여 교실에 걸어 놓을 수 있다.

(5) 5단계: 출발 신호

첫 번째 관찰 기간은 공지한 시점으로부터 시작된다. 학생들이 교사를 신뢰하고 교사가 권위를 되찾는 것이 관건이다. 구체적으로 말하면, 교사들은 자신들이 공지한 내용을 지켜야 하며 학생들에게 알린 대로 정확히 진행해야 한다. 이를 위해 교사들은 많은 에너지가 필요하다. 이 점을 가감 없이 명확히 밝혀야 한다. 합의한 것과 다르게 행동하는 사람은 권위를 잃거니와 한 팀으로 서로 협력하면서 상황을 개선할 기회를 놓친다. 그리고 지금 함께하지 않으면 나중에 불평할 수 없다. 힘들 수도 있다는 사실에 대비하면 나중에 놀라지 않을 것이다.

① 진행 방법

교실에서 수업 시작과 함께 학생들에게 공지한 시스템을 상기시키는 것이 가장 좋은 방법이다("기억하세요! 선생님은 이 수업에 책임이 있으며, 여러분이 규칙을 준수할 것을 요청합니다. 여러분은 선생님이 어떻게 할 것인지 잘 알고 있어요!"). 이어서 이를 곧바로 실행해야 한다. 공지한 대로 지키지 않으면 모든 것이 수포로 돌아간다.

> **힌트** 🔍
>
> 수업 시간 내내 규칙 준수를 감독하기 어려우면 엄격한 규칙 준수가 중단되는 시간을 정한다. 예를 들어, 수업 시간에 '나는 내 차례일 때만 이야기한다'는 규칙에 대해 중얼거리거나 속삭임이 허용되는 시간을 정한다. 그러나 처음 2주 동안은 어떠한 예외도 허락되지 않는 것이 좋다.

이 새로운 상황에 대한 학생들의 반응은 다음과 같을 수 있다. 편안한 학습을 오랫동안 기다려 온 학생들은 마침내 그 시기가 왔음을 기뻐하고 교사들이 공지한 대로 이행하기를 기대한다. 일반적으로 이런 학생들은 3원칙에 대해 문제가 없으며 쉽게 긍정적 결과를 이룬다.

일부 학생은 교사도 약속한 사항들을 지키는지 구체적으로 점검할 것이다. 이런 학생들은 도발적 표정으로 규칙을 어기거나 교사들과 토론하려 할 것이다. 이에 대해서는 학생들의 도발적 행동에 관여하지 않고 공지한 대로 행동하며 침착함을 유지하는 것이 중요하다.

> **힌트** 🔍
>
> 도발적이고 논쟁적인 학생은 피할 수 없는 도전이다. 교사는 이런 상황을 사전에 고려하여 전략을 세우면 쉽게 대처할 수 있다. 일부 교사에게는 "누가 나를 자극할지는 내가 결정하는데, 학생은 그런 사람이 아니에요!"라는 문구가 도움이 된다. 다른 교사들은 다음과 같은 말만 반복하는 이른바, '고장난 전축판 전략'으로 대응한다. "학생은 규칙을 따르지 않기로 결정했으

으니, 그 결과도 무엇인지도 알고 있지요. 수업을 하는 것은 선생님의 의무
이니까요."

　학생들은 교사들이 자신의 입장을 고수하고 공지한 대로 정확히
실행하고 있다는 것을 인지하면, 반대할 필요가 없음을 알게 된다.
이로써 규칙 위반이 크게 감소하고 수업도 다시 가능해진다. 대부
분의 경우, 이 분명한 메시지와 투명한 결과 시스템은 이 계획에
포함되지 않은 규칙에도 영향을 미친다. 학생들은 교사들이 규칙
준수를 위해 힘쓴다는 것을 알기 때문에 상황이 개선된다. 공지 사
항을 지속적으로 준수함에도 불구하고, 학습에 진척이 없는 경우
나 여전히 수업을 '중단'하려는 학생은 거의 없다. 이런 사실은 기
록지(p. 292 참조)에서 확인할 수 있다. 이런 경우에는 동료교사들
이 고려하고 조언해야 하는 다른 조치들(도움 및 지원 제공, 규제 조
치 등)이 종종 필요하다. 그러나 이런 경우에도 학생에 대한 원망
없이 분명한 메시지와 투명한 결과 시스템을 계속 유지해야 한다.
그 이유는 수업이 원활하게 진행되어야 '의욕적인' 학생들이 혜택
을 받기 때문이다.

　또한 많은 교실에서 흥미로운 변화가 일어난다. 어른들이 책임
을 지기 때문에 학생들은 혼란스러운 다양한 결정을 할 필요가 없
다. 이로써 특히 어린 학생들이 안전해진다. 어른들은 경험과 비
전을 가진 사람으로 인정받고, 학생들은 어른들을 믿고 의지함으
로써 새로운 유형의 관계가 형성된다. 요컨대, 학생들은 다시 어린
이가 될 수 있고 나이에 맞는 행동을 할 수 있다.

3원칙 구현 시 참고 사항은 다음과 같다.

- 교사들은 3원칙이 성공적이라고 판단되면, 자신들에게 힘든 다른 행동들도 제거되길 원한다. 이 시스템을 확대하려면 교사들이 합의하여 학생들에게 확대 사실을 공지해야 한다. 암묵적 확대는 투명성에 위배되며 학생들을 혼란스럽게 한다.
- 위협 및 처벌을 금지한다. 때때로 교사들은 3원칙이 신속히 구현되지 않으면 위협이나 처벌에 의존한다. 이런 태도는 도움이 되지 않으며 3원칙도 효과가 없어진다. 학생들은 결국 교사들이 단지 "상황을 종료하는 데만 관심이 있다."라는 것을 알아차리기 때문이다.
- 초기 악화에 대비하여 침착한다. 일부 교실에서는 초기에 상황이 오히려 더 악화되기도 한다. 이런 경우는 교실에 많은 시험관이 있기 때문이다. 이 학생들은 어른들이 계속해서 무언가를 공지하고 곧바로 포기하는 것을 경험했다. 이런 학생들에게는 안정적인 상대가 필요하다. 따라서 침착함을 유지하는 것이 중요하다. 이 학생들은 교사들의 신뢰도만 테스트한다.

또한 교사들은 3원칙을 구현할 때 발생할 수 있는 다음과 같은 어려움에 대비해야 한다.

- 한 학생이 교실을 떠나기를 거부한다. 교사는 많은 말을 하지 않는다. 자신의 임무를 다하고 있음을 몸짓으로 보여 준다. 학

생에게 3원칙 카드를 보여 준다. 그리고 참는다. 99%의 경우에 학생은 그 카드를 갖고 교실을 떠난다. 나머지 1%에 대해서는 학생이 계속 거부하면 교사는 다른 조치를 취할 것임을 통지한다. 그래도 도움이 되지 않으면 교사가 갈등 현장을 떠난다. 학생에게 그 장소에서 카드를 작성하라고 하고, 거절하면 재차 할 것이라고 알린다. 규칙 위반이 아니라 지시를 따르지 않았기 때문에, 즉시 취해야 하는 교육 및 제재 조치에 대해 동료교사 그리고 학교장과 상의한다.

• 한 학생이 3원칙 장소에서도 규칙을 따르지 않는다. 이 학생에게 특별한 주의를 기울이지 않는다. 이런 경우에는 무시하는 것이 최선의 해결책이다. 교실에 있으면서 규칙 위반으로 반응하는 학생들에게도 스스로 결정하도록 요구한다. 이로써 학급 학생들이 3원칙 장소에 있는 학생에게 관심을 갖지 않도록 한다. 교사는 교실이 위험에 처해 있어 조치를 취해야 한다는 느낌이 들면 3원칙 장소를 결정하도록 다시 요구하고 다음 단계를 통고한다(다음의 '후속 조치' 참조). "학생이 계속해서 규칙을 어기고, 그로 인해 수업이 불가능해지면 선생님은 의무를 다해야 합니다. 선생님은 수업이 가능하도록 할 것입니다. 이는 선생님이 학생을 교실 밖으로 내보낼 것이라는 의미입니다."). 또한 교사는 이 학생이 긍정적 결과를 얻을 기회를 잃고 있음을 알려 준다. 교사는 다음 단계를 정하지 않았다면 현 단계를 기록하고 다음 단계를 취하겠다고 공지한다.

• 한 학생이 부당한 대우를 받았다고 느낀다. 한 학생이 교사로

부터 부당한 대우를 받았다고 느끼는 경우, 교사는 학급 학생
들 앞에서 논쟁하지 않는다. 교사는 그 학생에게 3원칙 카드
(뒷면 포함)에 사안을 어떻게 보는지 자세히 적게 하며 이에 대
해 학생과 대화할 것이라고 하고, 하지만 지금은 수업 시간이
라고 한다.

(6) 6단계: 후속 조치

첫 번째 관찰 기간이 종료되면 긍정적 관심이 퍼진다. 이제 교
사들은 회의를 통해 자신들의 경험을 공유하고 어려움에 대해 의
견을 나누며 필요한 경우 개선점을 찾는다. 이 지점에서 추가 조
치 수준에 대해서도 생각해야 하고, 3원칙 장소에서 규칙 위반으
로 인한 상황 고조와 관찰 기간에 반성문 수집으로 인한 상황 고조
도 고려해야 한다. 이와 관련하여 일부 가능한 상황에 대해 살펴본
다. 정확한 합의 내용은 학교 문화와 기존 방법에 따라 다르다.

• **3원칙 장소에서 지속적 방해로 인한 상황 고조.** 이런 상황에서
는 학교 차원에서 할 수 있는 것을 고려해야 한다. 일부 학교
에서는 3원칙에 연관된 상담사에게 의뢰할 수 있다. 물론 상담
사는 첫 회의에 참여하는 것이 바람직하다. 예를 들어, 상담사
는 3원칙 장소에서 규칙을 계속 어기는 학생을 상담실로 불러
교실 복귀 계획을 세운다. 학교장의 동의하에 학생을 상담사
에게 보낼 수도 있다. 동료교사가 그 학생을 도와 3원칙 카드
를 작성하도록 합의하는 것도 하나의 방법이다. 마지막 단계

로 학부모가 학생을 데려갈 수도 있다. 모든 가능성을 고려하여 관련자들(상담사, 학교장, 동료교사, 학부모)과 합의하는 것이 중요하다.

- 관찰 기간에 반성문 수집 절차. 이와 관련해서도 상황에 따라 많은 가능성이 있다. 특정 수의 반성문이 모이면 학생에게 진지한 대화를 요청하여 행동 변화에 대한 구체적 합의를 하거나 학부모에게 대화를 요청하여 학생과 함께 합의할 수 있다. 이런 합의는, 예를 들어 담임교사가 학부모에게 전화하거나 학부모가 3원칙 카드에 서명하여 제출하는 방식으로 할 수 있다. 경험에 따르면, 일부 학생들은 학부모와 교사 사이에 긴밀한 협조가 불편하고 학부모와 교사의 대화가 무서워서 간혹 규칙을 준수하기로 결정하기도 한다. 반성문을 기존 학교 시스템과 연결하는 것도 고려할 수 있다. 예를 들어, 방해 행동과 그에 따른 결과에 관한 명확한 시스템이 있다면 특정 수의 반성문을 벌점으로 평가할 수 있다.

어떤 결정을 하든, 학생(및 필요한 경우 학부모)에게 향후 절차를 알리는 것이 중요하다. 또한 학교장은 이 결정을 지지해야 한다. 학교장이 거부한 다음 단계는 고려되어서는 안 된다. 그 이유는 공지한 단계들이 나중에 관리되지 않으면 학교장의 권위가 훼손되기 때문이다.

이 회의에서는 다음과 같은 질문도 고려해야 한다.

- 긍정적 결과가 동기 부여에 효과가 있는가? 없다면 다른 방안을 찾아야 할 수 있다.

- 관찰 기간이 적절한가? 아니면 줄이거나(아무도 긍정적인 결과를 얻지 못했다), 또는 연장(모든 학생이 긍정적 결과를 누릴 수 있다)하는 것이 의미 있는가?

- 교사들은 어떻게 서로 지원하고 있는가? 모두 만족하는가? 지원과 동기가 필요한 사람이 있는가?

- 학생들에게 어떤 관계를 제안할 수 있는가? 여기서 규칙적인 교사회의나 개별 상담 시간을 정할 수 있다. 이를 통해 학생들과 그들의 욕구, 걱정, 소망을 이해할 수 있다. 모든 교사는 학생들에게 '승리'하는 것이 아니라는 점을 재차 인식해야 한다. 어른들은 학생들과 관계를 맺고 힘든 학생들에게도 반복적으로 관계 맺기를 할 책임이 있다.

3원칙을 실행하면서 다음과 같은 어려움이 발생할 수 있다.

- 처음 두 관찰 기간 내에 수업 상황이 크게 개선되면, 즉 다시 수업이 가능하면 교사들은 종종 이전 패턴으로 돌아가는 경향이 있다. 모든 것이 다시 정상이니 더 이상 일관성을 유지할 필요가 없다고 생각한다. 경험에 따르면, 첫 번째 관찰 기간 이후에 노력을 하지 않기에는 너무 이르다. 왜냐하면 학생들은 즉시 예전 행동 패턴으로 돌아가기 때문이다. 한 번 좋아졌다고 모든 교사가 서로 칭찬하고 성공에 기뻐할 수 있다. 하지

만 이제부터 서로 격려하고 마지막까지 분발하도록 독려하여 3원칙을 고수하도록 독려해야 한다. 그래야만 지속 가능한 패턴 변화가 가능할 수 있다. 장기간에 걸쳐 명백한 개선이 있어야만 수정 사항에 대해 말할 수 있다.

• 또 다른 어려움은 첫 번째 변화가 있더라도 개선을 인정하려는 의지가 다소 약하기 때문에 발생한다. 이런 어려움은 교사들에게 장기간 부정적 감정이 쌓였기 때문에 이해할 수 있다. 때로는 3원칙에 대한 기대조차 현실적이지 못하다. 힘든 교실이 단기간에 순한 학습집단이 되길 바라는 기대는 대개 실망으로 끝난다. 따라서 개선이 이루어지는 상황에 초점을 맞추고 학생들의 개선을 강화하며 그들의 성과를 인정하고, 학생들은 규칙을 더 자주 지킬 수 있으므로 양질의 수업이 가능하다고 믿는다.

• 일부 교사들은 훈계로 인해 실패한다. 그들은 학생들이 예절에 어긋난 행동을 한다고 화를 낸다. 그들은 앞에서 기술한 행동이나 그 밖의 학생들 행동 때문에 화를 내며, 이로 인해 자신의 위신을 잃는다. 기본적으로 그들은 소수 학생의 행동에 따라 자신의 힘과 만족감을 느끼기 때문에 권위를 잃는다. 특히 매우 헌신적인 교사들이 위험하다.

힌트

교사는 '양질의 수업을 제공한다'는 자신의 책임과 의무를 되새긴다. 수업 참여 여부에 대한 결정은 학생의 몫이다. 의식적으로 교사는 이 책임을 학생에게 위임한다("학생이 결정하세요!"). 침착하면서 도발적인 학생에게는 권한을 주지 않는다. 교사는 자신에게 "누가 나를 자극할지는 내가 정한다. 학생은 안 된다!"라고 말한다. 그리고 방해받지 않고 수업을 할 수 있음을 즐긴다.

① 3원칙 실행 사례

다음에서는 한 사례를 들어 3원칙을 설명하고자 한다. 여기서 기술하는 교실은 실제 존재할 수도 있다. 이 교실은 실제 사례들을 기반으로 구성한 '본보기 교실'로서, 이 교실을 대상으로 절차를 설명하고자 한다.

한 초등학교에서 교사들이 A 교실은 수업이 불가능하다고 한다. 수업을 방해하는 학생들의 행동은 다음과 같다. 학생들이 교실에서 소리를 지르며 때로는 서로 비방하며 싸운다. 수업 중에도 교실을 돌아다니며 교사에게 종이를 던지기도 한다. 또한 많은 학생이 숙제를 하지 않고 수업 준비물도 가져 오지 않는다. 이 교실을 가르치는 대부분의 교사는 지쳐 있다. 담임교사는 이 교실을 포기하고 싶고 학생들을 더 이상 보고 싶지 않다. 최근에는 배울 것이 없으니 자녀들을 이 교실에서 빼내려는 학부모들의 전화가 빗발친다.

담임교사가 이 프로젝트를 지원하는 학교장과 상의하여 교사회의를 시작한다. 담임교사는 학교장의 입회하에 3원칙을 설명한다. 동료교사들은 주저하지만 위태로운 상황을 감안하여 결국 3원칙에 동의한다. 다음 주에도 교사회의를 하기로 합의했다. 다음 교사회의까지 모든 교사는 다시 한번 학생들의 어떤 행동이 수업에 가장 방해가 되는지 주시하기로 했다. 다음 교사회의에서 교실에서 소리 지르기와 경멸적 발언으로 인해 수업이 불가능하다는 것이 확인되었다. 이 교실은 항상 시끄럽고, 조용하더라도 모두가 다른 학생의 의견이 두려워서 아무도 수업에 참여하지 않는다.

이런 상황에 적합한 규칙으로 교사는 '나는 내 차례일 때만 발언한다'를 정했다.

교사들은 긍정적 결과로 첫 2주 동안 3원칙 카드를 모으지 않거나 1개만 모은 학생까지만 조커를 주기로 합의한다. 조커는 숙제를 하지 않거나 준비물을 준비하지 않은 경우에 사용할 수 있다. 여기서 교사들은 숙제를 하지 않으면 학생이 뒤쳐지지 않을지에 대해 오랫동안 토론한다. 교사들은 조커가 동기를 부여하고 교사들은 수업이 재개되는 것에 관심이 있기 때문에 조커에 동의한다.

규칙을 준수하지 않는 경우에 절차는 다음과 같다. 규칙을 준수하지 않기로 결정한 학생은 교실을 떠나서 3원칙 카드를 받아 복사하여 작성한다. 학생은 교실 앞에 앉거나 상담사와 협의하여 상담실에 있는다. 학생은 뒤쳐진 부분을 스스로 보충해야 한다. 3원칙 카드는 수업이 끝날 때 교사에게 제출한다. 과목교사는 3원칙 카드를 담임교사에게 인계한다. 담임교사는 기록지를 작성하고 첫 번째 기간이 끝날 때 긍정적 결과를 배포한다. 첫 주가 끝나면 학생들에게 중간 결과를 알린다. 절차가 모든 교사에게 명확하도록 하기 위해 절차를 서면으로 정리하여 모든 동료교사에게 제공한다.

예

규칙을 따르지 않으면 교사는 다음과 같이 질문한다.

- "선생님은 학생이 차례가 아닌데 말하는 것을 보았습니다!"
- "학생이 위반한 규칙은 무엇인가요?" (학생이 규칙 명을 말한다.)
- "학생은 어떤 결정을 했나요?"

학생은

- 규칙을 준수하기로 한다.
  - → 수업에 남을 수 있다(교사는 누가 결정했는지 알기 위해 이름을 칠판에 적는다). 그러나
  - → 이 규칙을 위반한다. 학생은 규칙을 지키지 않기로 하고, 이로 인한 결과를 수용한다. 즉, 학생은 자기 차례가 아닌데 말을 하고, 교사는 이 학생 이름에 동그라미를 그리고 토론이나 훈계 없이 3원칙 카드를 건네 주고 학생을 지정된 장소로 보낸다.
- 규칙을 준수하지 않는다.
  - → 교사는 토론이나 훈계 없이 3원칙 카드를 주고 학생을 지정된 장소로 보낸다.

3원칙 장소는 교실 앞이나, 상담자가 있는 경우에 다른 학생들과 접촉이 없는 상담실의 빈 공간이다.

학생은 3원칙 카드를 복사하여 작성한다. 수업이 끝나면 학생은 교사에게 카드를 제출하고 교사와 학생이 서명한다. 교사는 3원칙 카드 배부 사항을 기록하고 이를 담임교사에게 전달한다. 담임교사는

카드를 정리하고 학생당 카드 수를 기록한다. 학생이 3원칙 카드 5개를 작성하면 학부모 및 학생과 대화한다. 담임교사는 첫 주가 끝날 때 중간 결과를 공개한다. 두 번째 주가 끝나면, 교사는 3원칙 카드 하나까지만 작성한 학생들에게만 조커를 준다. 이때 중요한 것은 다른 학생들에 대한 추가 설명 없이 규칙을 준수하기로 결정한 학생들을 칭찬하고 격려하는 것이다.

전체 수업 시간이 너무 길어서 규칙을 엄격하게 준수할 수 없는 경우, 교사는 '규칙을 엄격히 준수하는 기간'과 '중얼거리는 시간'(옆에 친구에게 속삭이는 목소리로 지우개를 요청할 수 있음), '속삭이는 시간'(2인 또는 모둠활동)을 구분하여 알린다.

공지는 두 번째 수업이 시작되는 다음 주 월요일로 정한다. 공지 후 3원칙은 즉시 적용되어야 한다. 다음 주 월요일에 교사들과 학교장이 교실에서 만난다. 담임교사는 대표로 다음과 같이 발언하기로 하였다.

"우리는 여러분에게 전할 말이 있어 여기에 모였습니다. 우리는 이 교실에서 수업을 하고 배우고 싶은 모든 학생이 여기서 배울 수 있길 바랍니다. 이것이 우리의 의무이며, 우리는 이에 대해 책임이 있습니다. 따라서 이제부터 교실에서는 자기 차례에만 말하기로 하겠습니다. 선생님이 교실 앞에 걸린 규칙을 다시 한번 적었습니다. 여러분이 이 규칙을 따르지 않기로 결정하면, 우리가 어떻게 대응할지를 알 수 있도록 사전에 알리고자 합니다. 또한 만일을 대비하여 핵심 내용을 간결하게 정리했습니다.

(교사는 포스터를 사용하여 과정을 설명한다.) 이 규칙을 준수하기로 결정한 모든 사람은 선생님들로부터 조커를 받게 됩니다. 숙제를 하지 않거나 준비물을 가지고 오지 않은 경우, 이 조커를 사용할 수 있습니다. 그러니 규칙을 따르는 것이 좋습니다. 우리 모두는 이와 같이 결정했고 이대로 할 것입니다. 이 시간부터 바로 시작하겠습니다. 질문이 있습니까?"

처음에 학생들은 놀란 나머지 할 말을 잃고 분노한다. 선생님들은 말없이 그곳에 서서 현장을 떠나지 않겠다는 의지를 보여 준다. 몇 가지 질문이 이어진다. 한 학생이 "다음 수업이 시작되면 칠판에 적힌 내 이름이 지워지나요?"라고 질문한다. "예, 첫 번째 2주간 매 수업마다 관찰이 이루어집니다."라고 답한다. 또 다른 학생이 학부모에게 알릴 것인지 알고 싶어 한다. 이에 대해 "수업은 무엇보다도 교사와 학생 간의 사안입니다. 따라서 처음에는 학부모님께 알리지 않습니다. 그러나 카드를 많이 모은 학생에 대해서는 당연히 학부모님에게 알릴 것입니다. 카드가 몇 개이면 알릴 것인지는 우리가 결정할 것입니다."라고 답한다.

질의응답이 끝나면 교사들은 교실을 떠나고, 담임교사는 시간표에 따라 자신의 수업을 시작한다. 수업에서 담임교사는 3원칙 카드를 배부한다. 다음 시간에 어떤 결정을 했으며 그에 따른 공지된 결과를 확인할 수 있다.

2주 후, 학생 24명 중 17명이 조커를 받았다. 교사회의에서 모든 교사가 현저하게 개선되었다고 보고했다. 수업이 다시 가능해졌다. 가장 인상적인 것은 교사들의 긴장 해소이다. 교사들은 긍정

적인 감정으로 다시 교실에 들어갈 수 있었다. 일부 학생들은 담임
교사에게 교실이 평온해서 즐겁다고 했다. 조커가 없는 7명의 학생
도 규칙을 준수하고 있다. 두 번째 2주간 관찰 기간 동안 24명의 학
생 중 21명이 조커를 받았다. 교사들은 다음 기간을 각각 4주로 연
장하는 데 동의했다. 동시에 일부 교사는 특정 수의 조커를 운동
또는 다른 활동을 하는 데 쓰도록 제안했다. 예를 들어, 조커 4개
를 추가 체육 수업과 맞바꿀 수 있다. 그 이후로 많은 학생이 이것
을 요구했다. 여자 담임교사는 수다 떨며 쉬는 시간을 제안했다.
이 시간은 특히 여학생들이 선호했다. 이 밖에도 '휴식 시간' 또는
'그림 그리기'와 같은 미술 시간을 제안했다. 그러나 이렇게 하려
면 조커 6개를 수집해야 한다. 추가 시간이 걸렸지만 교사들도 즐
거웠고 학생들의 관계도 눈에 띄게 편안해졌다. 교사의 권위와 재
량권도 회복되었다. 약 반 년이 지나서도 여전히 힘든 상황(숙제
누락, 간헐적인 지적)이 있지만 수업을 방해할 정도는 아니다. 반대
로, '엄격한 규칙 준수'에 대한 암시만으로 학생들에게 책임을 상기
시키기에 충분하다.

돌이켜 보면 교사들은 특히 상호 단결과 절차에 대한 확고한 합
의, 즉 모든 교사가 동일한 질문을 하고 같은 방식으로 반응하는
것이 특히 도움이 된다고 생각한다. 학생들은 변화에 매우 빠르게
익숙해졌고 모든 교사는 화가 난 상황에서도 스스로 통제할 수 있
었다. 그리고 "나는 교사로서 학생이 규칙을 준수하거나 준수하지
않으면 선생님은 무엇을 할 것인지를 공지했습니다. 학생은 스스
로 결정할 수 있습니다. 선생님은 학생의 결정을 존중합니다!"라

는 새로운 사고 구조가 형성되었다. 이와 함께 학생들에게 책임 전 가는 큰 도움이 되었고 안도감을 주었다.

② 장기적으로 어떻게 될 것인가

경험에 따르면 4~6개월 후에 새로운 일상이 형성된다. 수업은 좋은 날과 나쁜 날이 있는 정상적인 환경에서 진행된다. 교사들은 더 이상 엄격한 규칙을 고수할 필요가 없다. 일부 교실에서는 수업 재개라는 목표가 달성되어 정상을 되찾는다. 하지만 이후에도 3원 칙은 교실 운영에 근간으로 작용하여 필요하면 언제든지 다시 규 칙을 엄격히 준수하도록 할 수 있다. 다른 교실에서는 첫 번째로 선택된 규칙이 두 번째 규칙으로 보완되어 엄격히 준수되었다. 이 를 위해서는 교사의 부가적인 에너지가 필요하지만, 3원칙을 적용 하는 과정에서 학생들의 행동이 수업에 방해된다는 사실이 밝혀지 면 3원칙을 다시 실행하는 것이 바람직하다.

또 다른 교실에서는 담임교사가 새로운 교칙으로 학생들이 전체 적으로 더 많은 책임을 지도록 한다. 교실운영 차원에서는, 예를 들어 특수교과에 대한 강화 시스템(긍정적 결과)을 도입한다. 일부 학교에서는 3원칙을 실행하기 위해 휴게실이나 연습실이 필요한 경우도 있다. 이와 함께 '교실관리'를 더 근본적으로 고려하여 학 교 발전을 위한 주요 주제로 삼고자 한다.

2) 학부모와 관계

대다수의 학부모는 자녀가 학교를 잘 다니고 우수한 성적으로 졸업하는 데 관심이 크다. 따라서 학부모에게 자녀의 학습과 수업은 매우 중요하다.

수업이 불가능한 교실에서는 학생들과 싸움 외에도 종종 학부모와 힘겨운 다툼이 벌어진다. 교사들은 교실에 대한 자신들의 노력과 그로 인한 스트레스를 인정받지 못하며 학부모들이 자신들의 일에 참견한다는 인상을 받는다. 또한 학부모들이 자신들로 인한 교육 문제를 인정하고 일관된 조치를 취할 준비가 되어있지 않다고 불평한다.

관련 학부모들은 직장과 가정 일을 병행하는 데 어려움과 그로 인한 스트레스를 학교가 제대로 알지 못하고, 교사들도 교실의 평온과 질서를 유지할 수 없기 때문에 그 책임을 학부모에게 돌린다고 불평한다. 이로써 양측은 서로 비난하며 문제를 더 악화시킨다.

이보다는 모든 학생의 이익을 위해 서로 단결하는 게 더 도움이 될 것이다. 이런 단결은 문제가 없더라도 학부모가 학교 시스템의 기둥으로 간주되고, 이미 문제가 되지 않는 시간에 협력이 건설적이고 깊은 신뢰로 이루어질 때 가능하다. 교사는 전문가로서 자세와 생산적 대화를 위해 당연히 사전에 조치를 취해야 한다. 따라서 학부모를 대할 때 3원칙의 기본 자세뿐 아니라 존중과 정중한 대화는 필수 요건이다.

수업이 불가능한 교실에서는 특히 담임교사가 학부모로부터 공격을 받는다. 또한 교사들이 학부모의 반응을 전혀 알아차리지 못하고 소외감을 느끼는 경우도 있다. 그렇다면 힘든 교실 상황을 어떻게 처리하면 갈등이 악화되지 않을 것인가?

학부모들이 교사의 잘못된 수업이나 부족한 자신감을 비난하면서 교실에서 발생하는 사안들에 관심을 보이는 경우, 목표는 학부모들을 참여시켜서 3원칙의 후원자로 만드는 것이다. 이 목표는 교사와 학부모가 공동 목표를 가지고 있기 때문에 들리는 것만큼 어렵지 않다. 학부모를 학교장과 교사들이 참석하는 학부모회의에 초대하는 것이 가장 좋은 방법이다. 이 회의에서는 공동 목표를 강조하는 것이 중요하다. 학부모와 교사가 아이들이 학교를 성공적으로 졸업하는 것이 중요하고 이를 위해 수업이 필수적이라는 데 동의하면, 교사는 당장 수업 진행을 위한 절차들을 학부모에게 설명할 수 있다. "우리는 이미 교실이 시끄럽고 불안해서 종종 수업하기 힘들다고 여러 차례 말씀드렸습니다. 학부모님의 자녀들도 이 문제를 알렸고, 학부모님 중 일부는 이미 우리에게 불평도 했습니다. 그래서 우리는 수업을 다시 할 수 있도록 새로운 길을 가기로 결정했습니다. 우리는 수업을 원하는 학생들이 수업을 이해할 수 있도록 최선을 다할 것입니다. 우리는 여러분에게 그 길을 소개하고자 합니다. 그리고 우리는 여러분이 우리를 지원하시길 바랍니다."

이어서 관련 결과와 규칙을 소개할 수 있다. 아울러 학습을 위해서는 학생의 의지가 필요하며, 따라서 결정에 대한 책임은 학생에게 있음을 강조해야 한다. 동시에 수업에 대한 교사의 책임과 학생들이 규칙을 준수하지 않기로 결정한 경우에는 일시적으로 수업에서 제외할 책임도 강조한다. 비판적인 학부모라도 수업이 진행될 수 있다는 사실과 '나는 내 차례일 때만 말한다'와 같은 기본 규칙이 지속적으로 필요하다는 사실에 반대하지 않을 것이다.

일반적으로 대다수의 학부모는 이런 방식에 전적으로 동의하고 교사가 드디어 행동하는 것에 만족할 것이다. 그러나 이 원칙에 대해 집중적으로 의문을 제기하는 학부모도 일부 있을 수 있다. 그 배후에는 종종 자신의 자녀가 부당하게 대우받거나 부당하게 처벌받는 것, 자녀가 외톨이가 되는 것, 또는 '교사들이 자녀를 감시한다'는 것에 대한 두려움이 있다.

힌트 🔍

학부모회의에서 상황을 공정하게 설명할 방법을 미리 생각한다. 어떤 비난도 하지 않는다. 학생들은 선택의 자유가 있으며 누구도 처벌받지 않을 것임을 반복해서 강조한다. 자신의 행동에 대한 책임을 배우는 기회가 중요하다. 그리고 성인과 달리 학생이 규칙을 준수하기로 결정하면 학교에서도 그에 따른 긍정적 결과가 주어진다. 또한 모든 학생은 각 관찰 기간에 새롭게 시작할 수 있는 기회를 갖게 된다.

그럼에도 불구하고 학부모가 3원칙에 계속 의문을 제기하면, 교사는 학부모를 설득하려 하지 않는다. "저는 학부모님의 우려를 이해합니다. 우리는 항상 우리가 하는 일을 진지하게 확인할 것입니다. 그래도 우리는 책임을 다하기 위해 제시한 3원칙을 실행할

것입니다." 교육의 목적은 수업을 제공하는 것임을 학부모에게 분명하게 알리는 것도 중요하다. 학부모와 학교의 교육관이 전혀 맞지 않은 경우 최후의 방법으로 다른 교육관을 가진 학교가 학생에게 더 적합할 수 있다는 점을 강조한다.

마지막으로, 학부모가 교사의 대처 방법을 어떻게 지원할 수 있는지에 대해 협의해야 한다. 학부모는 다음과 같은 사항을 따르는 것이 좋다.

- 자녀에게 교사의 행동이 적절하다고 해야 한다.
- 교사의 행동에 대한 비판은 교사에게 직접한다(자녀 앞에서는 비하하는 말을 삼간다).
- 자녀가 자신의 행동에 책임을 지고 규칙 준수를 배우고 개선하도록 지원한다.

학교 문제에 관심이 없는 학부모는 대개 학부모회의에 참석하지 않는다. 이런 학부모는 자녀가 여러 3원칙 카드를 수집한 경우, 개별 면담에 초대하는 것이 더 좋다. 학부모회의처럼 중요한 것은 먼저 학부모와 공동 목표에 집중하는 것이다. 어떤 경우든 학부모를 더 이상 저항하지 않도록 하기 위해 조언하거나 훈계해서는 안 된다. 자녀와 학교와 관련하여 학부모에게 중요한 것이 무엇인지 묻고 모든 사람이 함께 해결책을 찾을 수 있는지 확인하는 것이 더 합리적이다. 초청해도 학부모회의에 참석하지 않는 학부모는 전화를 하거나 직접 방문할 수 있다. 이 방법은 특히 학교에서 멀리 떨어져 사는 학부모를 학교에 오도록 하는 데 쓸 수 있다. 학부모와 연락이 되지 않더라도 교사는 준비한 프로그램을 진행해야 한다.

3) 학교장과 협력

3원칙이 성공하려면 학교장의 지원이 매우 중요하다. 한편으로는 학교장이 지원함으로써 교사를 격려하고, 다른 한편으로는 학부모, 학생 및 교사를 향하여 학교는 명확한 교육적 입장을 가지고 맡은 바 책임을 다할 것이라는 의미에서 적극적 참여와 지지를 약속한다. 고려해야 할 요소들은 다음과 같다.

- 담임교사의 정보 제공: 학교장은 교실에서 무슨 일이 일어나고 있는지를 아는 것이 중요하다. 힘든 교실이 있는 경우에 교사는 학교장이 조기에 참여하도록 한다. 학교장의 참여는 현안에 대한 간단한 보고(학급에서 무슨 일이 일어나고 있는가?)와 계획된 절차에 대한 설명("우리는 이렇게 하고 싶습니다!")으로 시작된다. 이어서 교사는 학교장의 적극적 지원과 공식 승인을 받아야 한다.
- 교사회의 참여: 학교장은 교사들에게 명확한 지원 신호를 보내기 위해 적어도 준비 및 계획을 위한 두 번의 교사회의와 첫 번째 후속회의에 참여해야 하지만, 3원칙에 대한 합의서와 허용되는 고조 단계도 즉시 승인할 수 있어야 한다.
- 3원칙 공지와 학부모회의 참석: 학교장이 3원칙을 공지하는 자

리에 참석하면 이 공지는 더 큰 의미를 갖는다. 학부모회의에 학교장이 참여함으로써 학교가 이 교육적 프로젝트를 얼마나 중요하게 여기는지를 보여 줄 수 있다.

• 문서화: 3원칙을 문서화함으로써 학교장은 필요한 경우 추가적으로 필요한 교육 및 제재 조치를 대외적으로 지지하고 정당화할 수 있다. 따라서 모든 교사는 3원칙(존중, 단 하나의 규칙, 절차 준수)이 옳고 문서화가 완전하다는 것을 확인해야 한다.

• 고조 단계에 맞는 지원: 학교장은 교사회의에서 결정된 고조 단계를 인지하고 적절한 지원을 해야 한다. 그렇지 않은 경우 교사들은 고지된 고조 단계를 철회해야 한다. 이로써 교사들은 신뢰를 잃고 권위 회복도 어렵게 된다.

학교장 지원 없이 3원칙을 실행하려면, 갈등이 제재 조치로 더이상 고조되지 말아야 하고 공지뿐 아니라 학부모회의에서의 설명도 의미가 없음을 분명해야 한다.

4) 외부 지원

3원칙은 담임교사가 실행할 수 없거나 원하지 않는 경우에 외부전문가가 진행할 수도 있다. 외부전문가는 상담사 또는 교내 훈련을 받은 사람 등 교실과 관련된 사람일 수 있다. 외부전문가가 진행할 경우에 이해 충돌 여부를 명확히 살펴야 한다.

학교 관련 기관의 전문가도 지원을 할 수 있다. 이런 경우에 비용과 함께 외부전문가의 경력 및 학교 현장에 대한 경험도 살펴보아야 한다. 외부 지원은 다음과 같은 장점이 있다.

- 담임교사의 부담 경감: 외부전문가가 컨설팅하고 회의를 주재하고 학부모회의에서 3원칙을 설명하면, 담임교사는 교사 역할에 전념하면서 함께할 수 있다. 외부전문가는 또한 고려해야 할 조직적 사안(회의록 작성, 학부모회의 준비, 언론 등)을 담당하면서 교사를 지원하고, 회의 이외의 경우에는 코치로 지원할 수 있다.

- 교사들의 동의: 교사들이 외부전문가와 함께 작업하기로 결정하면, 그 외부전문가는 리더이자 유능한 전문가로 받아들여질 것이다. 그러면 외부전문가는 불편하거나 어려운 사안들을 언급하거나 어떤 지원을 받을 수 있는지를 설명할 수 있다.

- 학부모의 동의: 특히 학부모와 교사 사이에 긴 '권력투쟁'이 있는 경우에는 교실과 관련 없는 외부인을 초빙하는 것이 합리적이다. 외부인은 전문성을 강조하며 3원칙을 비난하지 않고 전문적으로 설명할 수 있다.

- 교사에게 권한 부여: 학교장이 외부전문가의 컨설팅을 허용한다면, 이는 곧 힘든 상황에서 교육의 중요성과 교사들의 활동에 대한 존중을 의미한다. 외부전문가의 개입을 위한 전제 조건은 협력을 위한 학교장과 교사회의 승인이다. 외부전문가는 3원칙에 대한 경험과 기본 태도를 내면화해야 한다. 컨설팅 또는 코칭 역량이 있는 외부전문가는 이점이 많다. 외부 지원이

바람직하지 않거나 가능하지 않거나 동료교사와 학교장이 외부 지원이 필요가 없다고 생각하면, 담임교사는 최소한 자신을 위한 지원을 요구하는 것이 도움이 된다. 개인 코칭으로 자신의 문제해결을 위한 절차를 진행하고 새로운 균형감을 찾을 수 있다. 교사가 3원칙 적용이나 학교 발전 과정에 지원이 필요하면, 외부전문가는 이에 상응하는 심화교육, 컨설팅 또는 개별 상담 등을 제공할 수 있다.

3원칙에 대한 결론

3원칙은 교사들이 긴밀히 협력하고 서로 지원할 때 긍정적 결과를 낳는다. 물론 이 원칙은 만병통치약도, 단독으로 사용할 수 있는 처방전도 아니다. 그럼에도 불구하고 규칙 준수 능력이 점점 떨어지고 도전적이거나 파괴적인 행동을 보이는 학생들을 고려할 때 3원칙은 다음과 같이 기능한다.

- 수업을 가능하게 한다.
- 어른들은 도전적인 학생들에게 신뢰할 수 있는 파트너가 될 수 있음을 보여 주며, 학생들의 정서적 · 사회적 발달을 촉진한다.
- 규칙을 준수하고 배우고자 하는 학생들이 양질의 수업을 받도록 돕고, 그들의 행동을 긍정적으로 강화한다.
- 교사들에게 교실에서 비교적 짧은 시간에 적은 에너지로 지속 가능한 변화를 시작할 수 있는 기회를 제공한다.

3원칙이 성공적으로 실현되면 궁극적으로 교사들은 다시 즐거운 마음으로 수업에 임하고 학생들에게 다가설 수 있다.

부록

----

1. 나-전달법

• 행동/사건을 기술한다. • 상대방에게 상처 주지 않고 그가 한 말이나 행동을 설명한다.	"네가 ……을 방해했다."
• 감정과 결과를 솔직히 표현한다. • 상대방에게 내가 어떻게 느끼고 상대방의 행동이 나에게 어떤 결과를 초래했는지 말한다.	"나는 화가 난다/슬프다/걱정된다. 왜냐하면 네가 …… 때문에 ……."
• 희망을 말한다.	"나는 네가 ……하길 바란다."

• 금지 단어: '항상' '언제나' '결코 …… 아니다.' '언제나…….'

2. 약식 조정 절차

1) 상처주지 않는 나-전달법으로 우려 사항을 표현

조정자는 갈등당사자에게 나-전달법으로 자신의 사안을 기술하도록 요청한다. (예: "나는 A 학생이 화난 것을 볼 수 있어요. A 학생은 나-전달법으로 B 학생에게 무엇이 문제인지 말해 줄 수 있습니다.")

갈등당자사는 다음과 같이 나-전달법으로 표현한다. "나는 B 학생이 ……해서 신경이 쓰인다." "나는 네가 ……해서 화가 난다." "나는 네가 ……하면 좋겠다."

2) 경청과 반복

조정자는 갈등상대방 B 학생에게 자신이 이해한 것을 반복하도록 한다. (예: "더 진행하기에 앞서, 조정자는 B 학생이 A 학생의 말에서 이해한 것이 무엇인지 아는 것이 중요합니다. B 학생은 A 학생으로부터 들은 것을 한 번 말해 주세요.")

3) 정직할 기회 제공

조정자는 정직할 기회를 준다. (예: "B 학생, 학생은 지금 정직할 기회입니다. 학생은 용기 있고 정직한 사람은 선생님에게 존중받는다는 것을 알지요. 그래서 학생에게 묻겠습니다. A 학생이 말한 대로인가요?")

B 학생은 그렇다고 인정한다. 조정자는 B 학생의 용기와 정직을 "존중합니다!" 등의 표현으로 칭찬한다.

조정자는 B 학생이 A 학생이 원하는 대로 할 수 있는지 묻는다. (예: "선생님은 B 학생의 용기에 감동했습니다. B 학생은 지금 A 학생이 원하는 것을 들었습니다. 학생은 할 수 있다고 생각하나요?")

4) 합의

B 학생이 동의하면 합의문을 작성한다. B 학생이 동의하지 않으면 함께 해결방안을 모색하거나, 또는 정식 조정을 실시한다.

3. 진정한 사과

① 상대방을 본다.

② 상대방과 악수한다.

③ 내가 사과할 내용을 말한다. (예: "A, 내가 네 공을 빼앗아서 미안해.")

④ 약속한다. (예: "나는 앞으로는 내가 같이 놀고 싶으면 너에게 먼저 물어볼 것을 약속한다.")

4. 조정 합의문

<계약서>

_____와 _____는 다음과 같이 합의한다.

_____

_____

_____

_____

합의안 이행은 다음과 같이 확인한다.

_____

_____

_____

_____

후속 회의 일정

_____

서명 _____   서명 _____

5. 조정 진행 절차

1) 조정 개시

- 조정자는 인사하고 소개한다.
- 조정자는 조정 목표를 설명한다. → 양 당사자가 만족하는 해결책 강구, 합의문 작성
- 조정자는 비밀을 지키고 중립성을 준수한다.
- 조정자는 조정 절차를 설명한다. → 입장 제시, 해결책 찾기, 서면 합의
- 조정자는 규칙에 대한 동의를 얻는다. → 말을 끝까지 하도록 하고, 경청하고, 비방하지 않는다.
- 조정자는 누가 시작할 것인지를 정한다.

2) 갈등 규명(감정과 갈등을 파악)

- 갈등당사자들은 자신의 관점에서 무슨 일이 있었는지 말한다.
- 조정자는 갈등당사자들의 이야기를 반복하고 요약한다.
- 조정자가 "그랬군요?"와 같이 질문한다.
- 조정자는 감정에 대해 묻는다. (예: "학생은 어떻게 그걸 했어요?" "학생은 느낌이 어땠나요?" " 학생은 …… 때, 어떤 생각을 했나요?")
- 조정자는 갈등에 대해 질문한다. (예: "학생은 갈등이나 갈등이

커지는데 기여한 것이 무엇인지 생각해 보세요." "학생이 ……이었다면, 무엇에 대해 화가 났을까요?")

- 조정가는 피드백을 한다. (예: "나는 ……이 좋습니다." "우리는 이미 큰 진전을 이루었습니다.")

3) 해결책 강구와 상호 이해

- 조정가는 갈등당사자들에게 묻는다. (예: "학생은 상대 학생에게 무엇을 원합니까? 학생은 무엇을 하려 합니까?")
- 갈등당사자들은 해결방안들을 생각하고 적는다.
- 갈등당사자들은 자신의 해결방안들을 발표한다.
- 갈등당사자들은 조정자의 지원하에 해결방안들에 대한 협상을 통해 최종적으로 해결책에 합의한다.

4) 합의문 작성

- 조정자는 합의문을 작성한다.
- 갈등당사자들과 조정자는 합의문에 서명한다.
- 조장자는 합의문 이행 확인을 위한 향후 일정에 합의한다.
- 합의문은 갈등당사자들에게 배부하고 보관한다.
- 조정자는 갈등당사자들에게 작별 인사를 한다.

6. 학급회의 절차

1. 개회와 긍정적 분위기	• 인사와 회의 규칙 설명. [예: 나는 내 차례 때만 말한다. 다른 사람이 말하면 경청한다. 나에 대해 말한다(모욕, 폄하, 욕설 등을 하지 않는다).] • 학생들에게 우리 반의 좋은 점에 대해 말하도록 한다.
2. 지난 회의 결과는 어떻게 되었는가?	• 회의록 읽기 • 질문: "잘 되었는가?" (당사자, 상대방 차례로) • 질문: "우리는 그 해결책을 다시 시도할 것인가?"
3. 오늘은 어떤 문제나 우려 사항이 있는가?	• 발언 신청에 따라 관련된 사람들이 자신들의 문제나 우려 사항에 대해 논의하기를 원하는지, 또는 그 문제나 우려 사항이 해결되었는지 질문한다. • 모든 회의 참가자로부터 회의 승인을 받는다. • 제기된 우려 사항과 문제를 회의 안건으로 회의록에 기록한다. • 회의 의제를 함께 정한다.
4. 문제 또는 우려 사항 논의	• 안건을 제기한 사람이 문제와 우려 사항을 설명하고, 이어서 관련자들은 상대방이 말을 다 하도록 하고, 경청하고, 비방하지 않는다. 나−전달법 등의 대화 방법으로 자신의 관점에서 상황을 설명한다. • 갈등 규명을 위한 질문 → 무엇이 문제/우려 사항인가? → 문제/우려 사항은 다른 측면에서는 어떻게 보이는가? → 갈등당사자들은 어떻게 하고 있는가? → 갈등당사자들은 무엇을 성취하려 하는가? **해결하거나 평가하거나 문제 확대를 하지 않는다.**
5. 해결책 강구와 합의	• 해결방안을 모으고 기록한다(브레인스토밍). 모든 아이디어를 모으기 전까지 아이디를 비판하거나 평가하지 않는다. • 해결방안들을 분류하고 평가한다.

	• 갈등인 경우 갈등당사자들에게 "어떤 방안에 찬성하는가?"라고 질문한다. (투표가 아니라 의견 일치) • 기타 우려 사항인 경우 다수가 수용할 수 있는 균형 잡히고 실현 가능한 해결책을 선택해서 실행 계획을 세운다(누가 무엇을 누구와 언제까지 하는가?). (투표 가능) • 합의 시도
6. 회의 결과 기록	• 회의 결과를 회의록에 기록한다. • 폐회: 모든 참가자에게 감사 인사를 한다.

7. 규칙 제정 및 시행 원칙

1) 규칙 제정

- 주어를 우리 또는 사람이 아니라 '나'로 한다(예: "나는 내 차례에만 말한다.").
- 주관적 형용사(예: '공손한' '친절한' '상냥한') 대신에 관찰할 수 있는 행동(예: "나는 말한다, 감사한다, 그리고 부탁한다.")
- 단문이나 등위 접속사 '그리고'로 결합된 중문으로 기술한다(예: "나는 숙제를 해서 가지고 온다.").
- 원하는 행동을 긍정적으로 기술한다(예: "나는 하고 싶은 말이 있으면 연락한다.").

2) 규칙 위반에 대한 대응(나의 대응은?)

- 투명하다.
  - 명확하게 정한 규칙 또는 기대하는 행동이 있다.
  - 대응 결과를 공표한다.
- 일관적이다.
  - 부정적 결과가 항상 그리고 즉시 뒤따른다.
  - 그 결과가 일관되게 예상된다.
- 공정하다.
  - 그 결과는 적절하다.

    – 그 결과는 사람에 상관없이 적용된다.

• 객관적이다.

    – 그 결과는 놀리기, 욕설, 훈계, 비난 없이 이루어진다(사람과 행동 구분).

    – 그 이후 관계를 새롭게 시작한다.

8. 규칙 준수 관찰지

기간: ＿＿＿＿＿＿＿＿　　　관찰한 규칙: ＿＿＿＿＿＿＿＿

이름	월	화	수	목	금	이름	월	화	수	목	금

9. 규칙 위반 기록지

교실: _____   조사 기간: _____

이름	규칙 1	규칙 2	규칙 4	규칙 5	규칙 6

10. 체크리스트: 수업이 먼저다(방해에 대한 적절한 반응)

- 훈계하지 말고 미리 공지된 것을 꾸준히 한다.
- 끝없이 훈계하지 않는다. 1~2번이면 충분하다. 이어서 방해 행동에 대해 교사가 어떻게 처리할 것인지를 나-전달법으로 전달한다. 그리고 교사도 이대로 한다.
- 참새를 잡는 데 대포를 쏘아서는 안 된다. 처음부터 수위를 높이면 돌아갈 수 없다.
- 특히 위협을 할 수 없거나 하고 싶지 않은 경우에는 위협하지 않는다.
- 학생을 협박하지 않는다. 협박보다는 학생에게 두 가지 방법 중에 선택하도록 한다.
- 논쟁에 참여하지 않는다. 주제에 집중하고 즉시 수업을 재개한다.
- 신체 언어를 사용한다. 불필요하게 맞서지 않지만 태도는 분명히 한다.
- 교사들과 협의한다. 규칙과 공동의 긍정적, 부정적 결과 시스템에 합의한다.
- 학부모와 협력한다. 교사는 학부모에게 수업 방해와 규칙 위반을 어떻게 할 것인지, 어떤 목적(좋은 수업 분위기, 규칙 배우기, 성공적인 학습 등)으로 행동하는지 등을 상세히 설명한다. 교사는 이 목표들을 성취하기 위해 학부모와 협력할 수 있는 방법을 함께 논의한다.

11. 체크리스트: 관리 원칙

1) 시작은 관계이다

학생들과 관계는 학생들이 교사를 리더로 인식하고 진지하게 받아들이기 위한 필수 요소이다. 또한 교실 안팎의 다른 관계들도 주시하고 긍정적으로 형성하는 것도 중요하다.

2) 정직이 바람직하다

정직 없이는 상대방에 대한 신뢰가 커질 수 없다. 따라서 리더로서 학생들이 정직하도록 격려하고 이 가치를 교실에 긍정적으로 정착시키는 것이 중요하다.

3) 규칙을 정하고 적용한다

규칙은 짧고 간결하며 긍정적이고 관찰 가능한 행동으로 정해야 한다. 가장 중요한 규칙들은 누구나 명확하게 볼 수 있어야 한다. 관찰된 규칙 위반은 즉시 해결해야 한다. 규칙 준수도 긍정적으로 인식되어야 한다.

4) 경멸하고 상처를 주는 행동을 명확하게 다룬다

서로 상처를 주면 장기적으로 교실의 유대감이 깨진다. 교사가 경멸하고 상처를 주는 행동을 중단시키면 이 행동은 더 심화되지 않는다. 따라서 비웃음, 소음, 몸짓, 발언 등을 인지하여 조기에 처리한다.

5) 변명을 거부한다

학생들은 자신을 합리화하기 위해 변명을 하고, 자신의 행동이 자신에게 어떠한 결과도 초래하지 않도록 한다. 변명이 통하지 않고 비효율적이어야 학생들은 자신의 행동에 책임지는 법을 배울 수 있다.

12. 체크리스트: 의심되는 집단괴롭힘 대처

우리 교실에서 집단괴롭힘의 단서가 될 만한 증거가 있다면, 교사로서 어떻게 해야 하는가?

- 침착한다.
- 주시한다. 바라보고 귀를 기울인다.
- 필요한 경우, 대면 회의를 한다.
  - 대화 개시 준비(인사, 주제)
  - 적극적 경청
  - 무슨 일이 일어나고 있는지 이해한다(진단 질문).
    "다른 사람들이 화가 나면 정확히 어떻게 되는가?"
    "어디에서 이런 일이 발생하는가?"
    "누가 관련되어 있는가?"
    "얼마나 자주 그렇게 하는가?"
    "언제부터 그들이 학생/아이를 이렇게 대하는가?"
    "학생/교사는 그것을 멈추게 하기 위해 무엇을 시도했는가?"
  - 더 넓은 길을 제시한다.
- 동료교사들과 상의/협의한다. 그리고 교장에게 보고한다.
- 진단
- 대책을 세운다/개입을 준비한다.
- 실행한다.
- 경과를 관찰하고 지원한다.
- 명심한다. 기록하고 관련자들에게 보고한다.

13. 직면적 나-전달법

'직면적 나-전달법'은 상대방의 행동이 마음에 들지 않거나 수용하기 힘들 때 쓰는 대화방법이다. 직면적 전달법은 4요소로 구성된다.

- 상대방의 행동을 가치중립적으로 기술한다.
- 그 행동이 나에게 미친 영향을 기술한다.
- 그 행동으로 인한 나의 감정을 표현한다.
- 상대방에게 원하는 행동을 요청한다.

나-전달법

〈3요소 직면적 나-전달법〉
- 상대방의 행동을 기술한다.   "네가 ……하면/말하면."
- 그 행동이 나에게 미치는 영향을 기술한다.   "네가 ……하다."
- 그 영향으로 인한 나의 감정을 표현한다.   "그래서 나는 ……하다."

〈4요소 직면적 나-전달법〉
- 상대방의 행동을 기술한다.   "네가 ……하면/말하면."
- 그 행동이 나에게 미치는 영향을 기술한다.   "네가 ……하다."
- 그 영향으로 인한 나의 감정을 표현한다.   "그래서 나는 ……하다."
- 향후 상대에 대한 기대를 표현한다.   "나는 네가 ……길 바란다."

〈2요소 약식 나-전달법〉
- 상대방의 행동을 기술한다.   "네가 ……하면/말하면."
- 상대방의 행동으로 인한 나의 감정을 표현한다. "나는 ……하다."

14. 체크리스트: 3원칙

기본적 결정

담임교사는 변화가 필요하다고 결정한다. 권위를 되찾고 다시 가르칠 수 있도록 다양한 행동을 기꺼이 시도한다. 동료교사들과 실천 의지를 나누며 다짐한다.

교사 연합

교실에서 가르치는 모든 교사는 '리더'의 지도 아래 연대하여 함께 행동하기로 결정한다. 이 과정을 주도하는 교사는 향후 계획을 단계적으로 설명하고 각자의 명확한 결정을 지원하여 서로 돕는 팀을 구성한다.

분명한 메시지-투명한 결과

교사 연합은 리더의 지도 아래 세부 사항들을 다음과 같은 절차로 진행한다.

1. 수업을 방해하는 학생 행동을 설명하고 평가한다.
2. 행동 규칙을 정한다.
3. 학생이 규칙을 준수하기로 결정하면 그에 따른 긍정적 결과를 정한다.
4. 학생이 규칙을 따르지 않기로 결정하면 그에 따른 부정적 결과를 확정한다.
5. 교사들의 일치된 반응을 협의한다.
6. 조직적 세부사항들에 대해 논의한다.

이로써 모든 교사가 실행하고 학생들이 적응할 수 있는 투명한 체계가 형성된다.

공동 발표

모든 교사와 가능한 경우 학교장도 이 체계를 교실 앞에서 함께 발표한다. 이로써 학생들은 교사들이 함께 책임진다는 것을 경험하는 동시에 자신들의 행동에 대한 명확한 지침을 받는다.

학생들은 무엇을 기대할 수 있는지 안다.

출발 신호

합의된 날짜에 시작한다. 교사팀은 공지한 대로 정확하게 실행함으로써 학생들에게 신뢰할 수 있는 상대가 된다.

후속 조치

공지된 결과가 발생한다. 교사팀은 계속 만나서 서로 지원하고, 필요한 경우 이 체계를 수정하고 향후 관찰 기간을 정하며 해당 교실을 위한 관계 제안에 합의한다.

15. 숙제 면제 쿠폰

                              는

관찰 기간 _____ 부터 _____ 까지

규칙을 준수했습니다.

진심으로 축하합니다!

이 쿠폰은 _____ 과목 _____ 숙제를

면제합니다.

16. 규칙 위반 시 사용하는 조커

_____ 는

관찰 기간 _____ 부터 _____ 까지

선택된 규칙을 준수했습니다.

진심으로 축하합니다!
이 조커는 규칙 위반에 따른 부정적 결과를
면제합니다.

17. 3원칙 카드

이름: _____

위 학생은 규칙을 지키지 않기로 결정했으므로 수업에 빠져야 한다.

학생은 어떤 수업에 빠졌는가?

교사: _____ 과목: _____ 일시: _____

학생은 어떤 규칙을 준수하지 않았는가?

_____

학생은 이 규칙을 지키면 무엇을 얻을 수 있는가?

_____

_____

_____

학생은 앞으로 이 규칙을 지키려면 무엇이 필요한가?

학생은 이를 위해 무엇을 할 수 있는가?

_____

_____

_____

학생은 수업 내용을 스스로 보충해야 한다.

학생은 빠진 수업을 누구에게 물어볼 것인가?

이 카드에 서명하고 교사에게 제출한다.

서명 학생: _____ 교사: _____

18. 개요: 규칙 위반 시 절차(요약)

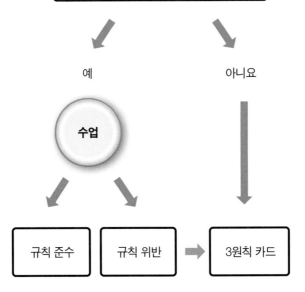

19. 개요: 규칙 위반 시 절차(상세히)

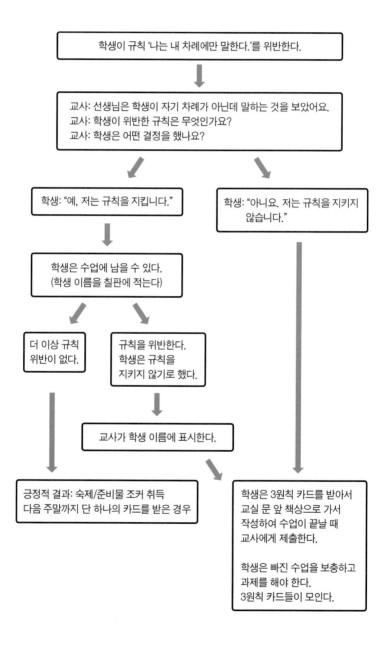

학생이 규칙 '나는 내 차례에만 말한다.'를 위반한다.

교사: 선생님은 학생이 자기 차례가 아닌데 말하는 것을 보았어요.
교사: 학생이 위반한 규칙은 무엇인가요?
교사: 학생은 어떤 결정을 했나요?

학생: "예, 저는 규칙을 지킵니다."

학생: "아니요. 저는 규칙을 지키지 않습니다."

학생은 수업에 남을 수 있다.
(학생 이름을 칠판에 적는다)

더 이상 규칙 위반이 없다.

규칙을 위반한다.
학생은 규칙을 지키지 않기로 했다.

교사가 학생 이름에 표시한다.

긍정적 결과: 숙제/준비물 조커 취득
다음 주말까지 단 하나의 카드를 받은 경우

학생은 3원칙 카드를 받아서 교실 문 앞 책상으로 가서 작성하여 수업이 끝날 때 교사에게 제출한다.

학생은 빠진 수업을 보충하고 과제를 해야 한다.
3원칙 카드들이 모인다.

참고문헌

문용갑(2011). 갈등조정의 심리학. 학지사.

Berkel, K. (2019). 갈등트레이닝. (문용갑, 이남옥 공역). 학지사.

Blum, E. & Blum, H.-J. (2012). *Der Klassenrat*. Verlag an der Ruhr.

Bründel, H. & Simon, E. (2007). *Die Trainingsraum -Methode*. Beltz.

Buber, M. (1979). Das dialogische Prinzip. Verlag Lambert Schneider.

Glasl, F. (2020). Konfliktmanagement: Ein Handbuch für Führung, Beratung und Mediation. 12. Aufl. Stuttgart: Freies Geistesleben.

Gordon, T. (2012). *Familienkonferenz*. Heyne.

Gordon, T. (2012). *Schüler-Lehrer-Konferenz-Wie man Konflikte in der Schule löst*. Heyne.

Grüner, T. & Hilt, F. (2014). *Bei Stopp ist Schluss*. AOL-Verlag.

Gugel, G. & Jäger, U. (2002). *Konflikte XXL*. Tübingen.

Hofstede, G. & Hostede, G. J. (2005). *Cultures and Organizations*. 2nd ed. New York

Huber, A. A. (Hrsg.) (2011). *Anti-Mobbing-Strategien für die Schule*. Carl-Link-Verlag.

Hubrig, C. & Hermann, P. (2014). *Lösungen in der Schule.* Carl-Link-Verlag.

Kreyenberg, J. (2012). *Wirkungsvolles Konfliktmanagement.* Berlin.

Meyer, G., Dovermann, U., Srech, S. & Gugel, G. (Hrsg.). Zivilcourage lernen. Analysen-Modelle-Arbeitshilfen, Tübingen, 2004, 448 S., DIN A4.

Omer, H. & Schlippe, A. (2010). *Stärke statt Macht ß Neue Autorität in Familie, Schule und Geminde.* Vandenhoeck & Ruprecht.

Reinbold, K. (ed). (2002). *Konflikt-Kultur.* AGJ-Verlag.

Rhode, R. & Meis, M.-S. (2014). *Regelverstöße-Stopp!* Cornelsen.

Rogers, C. R. (1983). *Therapeut und Klient.* Fischer.

Rosenberg, M. B. (2010). *Gewaltfreie Kommunikation.* Junfermann.

Watzlawick, P., Beavin, J. H. & Jackson, D. D. (2000). *Menschliche Kommunikation.* Hans Huber.

찾아보기

저자 소개

문용갑(Moon Yong Gap)

독일 Bremen 대학교 사회심리학 박사
전 독일 Bremen 대학교 ITB 교수
현 한국갈등관리 · 조정연구소 대표

〈저서 및 역서〉
조직갈등관리(공저, 학지사, 2016)
갈등조정의 심리학(학지사, 2011)
해결중심갈등관리(공역, 학지사, 2019)
갈등 트레이닝(공역, 학지사, 2019)

이남옥(Lee Nam Ok)

독일 Osnabrück 대학교 심리학 박사
현 한국상담대학원대학교 가족상담학과 교수

〈저서〉
나의 다정하고 무례한 엄마(2020, 라이프앤페이지)
대물림과 체계론적 가족치료(공저, 2019, 학지사)
우리 참 많이도 닮았다(2018, 북하우스)

문다운(Moon Da-Un)

독일 Berlin 의과대학교 의학 박사
독일 Berlin 대학병원 정신과 전공의

교실갈등관리

Classroom Conflict Management

2023년 3월 10일 1판 1쇄 인쇄
2023년 3월 15일 1판 1쇄 발행

지은이 • 문용갑 · 이남옥 · 문다운
펴낸이 • 김진환
펴낸곳 • (주) **학 지 ㅅ ㅏ**

　　　　04031 서울특별시 마포구 양화로 15길 20 마인드월드빌딩
대표전화 • 02)330-5114　　　　팩스 • 02)324-2345
등록번호 • 제313-2006-000265호

홈페이지 • http://www.hakjisa.co.kr
페이스북 • https://www.facebook.com/hakjisabook

ISBN 978-89-997-2887-7 93180

정가 17,000원

출판미디어기업 학 지 ㅅ ㅏ

간호보건의학출판 **학지사메디컬** www.hakjisamd.co.kr
심리검사연구소 **인싸이트** www.inpsyt.co.kr
학술논문서비스 **뉴논문** www.newnonmun.com
교육연수원 **카운피아** www.counpia.com